BELLE ÉPOQUE DOS JARDINS

Dados Internacionais de Catalogação na Publicação (CIP)
(Câmara Brasileira do Livro, SP, Brasil)

Dourado, Guilherme Mazza
    Belle époque dos jardins / Guilherme Mazza Dourado. – São Paulo :
Editora Senac São Paulo, 2011.

    Bibliografia.
    ISBN 978-85-396-0119-6

    1. Albuquerque, Frederido de 2. Arquitetura paisagística – América
do Sul 3. Arquitetura paisagística – Brasil 4. Brasil – Civilização –
Influências francesas 5. Franceses – Brasil 6. Jardinagem paisagística
7. Paisagismo 8. Paisagismo – História 9. Paisagistas I. Título.

11-04778   CDD-712

Índice para catálogo sistemático:

1. Paisagismo parisiense e sua influência no Brasil
e na América do Sul : História   712

BELLE ÉPOQUE DOS JARDINS

Guilherme Mazza Dourado

Administração Regional do Senac no Estado de São Paulo
Presidente do Conselho Regional: Abram Szajman
Diretor do Departamento Regional: Luiz Francisco de A. Salgado
Superintendente Universitário e de Desenvolvimento: Luiz Carlos Dourado

Editora Senac São Paulo
Conselho Editorial: Luiz Francisco de A. Salgado
Luiz Carlos Dourado
Darcio Sayad Maia
Lucila Mara Sbrana Sciotti
Jeane Passos Santana

Gerente/Publisher: Jeane Passos Santana (jpassos@sp.senac.br)

Editora Executiva: Isabel M. M. Alexandre (ialexand@sp.senac.br)
Assistente Editorial: Pedro Barros (pedro.barros@sp.senac.br)

Edição de Texto: Luiz Guasco
Revisão da Nomenclatura Botânica: Allan Carlos Pscheidt
Preparação de Texto: Cristina Marques
Revisão de Texto: Fátima de Carvalho M. de Souza, Luiza Elena Luchini (coord.), Maristela S. da Nóbrega
Projeto Gráfico, Capa e Editoração Eletrônica: Fabiana Fernandes
Ilustração da Capa: Walter Crane, 1889
Impressão e Acabamento: Rettec Artes Gráficas

Comercial: Rubens Gonçalves Folha (rfolha@sp.senac.br)
Administrativo: Carlos Alberto Alves (calves@sp.senac.br)

Proibida a reprodução sem autorização expressa.
Todos os direitos desta edição reservados à
Editora Senac São Paulo
Rua Rui Barbosa, 377 – 1º andar – Bela Vista – CEP 01326-010
Caixa Postal 1120 – CEP 01032-970 – São Paulo – SP
Tel. (11) 2187-4450 – Fax (11) 2187-4486
E-mail: editora@sp.senac.br
Home page: http://www.editorasenacsp.com.br

© Guilherme Mazza Dourado, 2011

Sumário

Nota do editor **9**

Apresentação | Giro na bobina do tempo **11**
    Vladimir Bartalini

Introdução | Alvorada dos jardins **21**

I MOVIMENTO DE PAISAGISTAS FRANCESES **25**

Paris em reforma **27**
    Civilizar as massas **29**
    Salubridade e embelezamento **31**
    Espaços precursores **32**
    Cours e *boulevards* **34**
    Service des Promenades **37**
    Estrutura funcional **39**
    Implantando *squares* **42**
    Jardim paisagista **46**
    Ornamentação rústica **50**

Sistema de viveiros 55

Fábrica de mudas 57

Produto de exportação 59

Fazendo a América 61

Argentina 62

Édouard André 63

Eugène Courtois 64

Charles Thays 70

Joseph Bouvard 80

Uruguai 82

Pedro Margat 82

Irmãos Racine e Gauthier 85

Édouard André 89

Charles Thays 93

Chile 97

Dubois e Thays 97

Franceses no Brasil 101

Montigny e Pézérat 103

Avalanche de gente e produtos 105

Comerciantes de plantas 106

Mudanças da casa à cidade 108

Renoult e família Arnol 110

"Charlatães da horticultura" 111

Charles Pinel 113

Jean Binot 115

Auguste Glaziou 117

Jardim paisagista 119

Elenco de obras **123**
Ornamentos metálicos **125**
Arte rústica **127**
Joly e Perret **132**
Paul Villon **133**
Capital verde **135**
Volta ao Rio de Janeiro **137**
Charles Thays **138**
Bouvard, Vacherot e Cochet **139**

II RELAÇÕES FRANCO-BRASILEIRAS **145**

Folhas de papel **147**

Trajetória de Frederico de Albuquerque **149**
Proximidade de Glaziou **152**
Leituras francesas **156**
Caleidoscópio literário **158**
Revista de Horticultura **161**
Diagramação e seções **162**
Assinaturas e leitores **164**
Incentivadores de peso **166**
Elenco de colaboradores **168**
Barbosa Rodrigues **170**
Redator principal **172**
Francofilia editorial **173**
Noticiário dinâmico **176**
Publicações e obituários **180**
Édouard André **182**

Plantas viageiras **185**

Société Impériale Zoologique d'Acclimatation **186**

Muséum d'Histoire Naturelle **188**

Charles Naudin **190**

Espécies ornamentais **191**

Meio de transporte **193**

Vitrinas hortícolas **195**

Fornecedores de plantas **199**

Albuquerque viveirista **201**

Dálias e floxes **203**

Gloxínias e azáleas **208**

Marantas e crótons **210**

Iúcas e cicadáceas **212**

Plantas carnívoras **215**

Vegetação brasileira **217**

Epílogo | Herança verde **221**

Bibliografia **225**

Índice de nomes e lugares **239**

Índice de vegetação **245**

Créditos iconográficos **251**

Nota do editor

É curioso pensar que uma das determinações para respaldar a expansão industrial e financeira da cidade de Paris, na segunda metade do século XIX, fosse investir em parques, praças e ruas arborizadas. Afinal, por que aplicar tempo e dinheiro nisso?

A proposta vinha de ninguém menos que o próprio Napoleão III, cujo desejo era "democratizar o acesso e a distribuição dos jardins por toda a cidade para que esses espaços exercessem uma nova função social". Segundo o pensamento da época, democratizar o espaço público tornava civilizada a massa de trabalhadores – e, por extensão, inibia convulsões sociais.

Belle époque dos jardins apresenta a gênese do paisagismo parisiense e sua influência no Brasil da segunda metade do século XIX e início do XX. Além de importante documento histórico, o livro contribui para reinterpretarmos o espaço urbano e sua influência no cotidiano dos cidadãos, o que torna esta publicação do Senac São Paulo interessante não só para arquitetos e urbanistas, mas também para o público em geral.

Apresentação

Giro na bobina do tempo

Arquiteto com índole de historiador, Guilherme Mazza Dourado vem contribuindo de modo consistente para recuperar uma história pouco conhecida do paisagismo no Brasil.

Para ficar em alguns exemplos, organizou e assinou o projeto editorial de *Visões de paisagem, um panorama do paisagismo contemporâneo no Brasil*, em 1997, trabalho pioneiro de mapeamento da produção paisagística brasileira desde o fim dos anos 1960, reunindo mais de meia centena de projetos voltados a diversas escalas de intervenção e de variada autoria. Respondeu ao desafio e enfrentou os riscos de subsidiar a escrita de uma história contemporânea, numa área de atuação profissional, de ensino e de pesquisa, então ainda incipiente.

Para "desbobinar a película no sentido inverso das filmagens", procedimento que Marc Bloch identifica no historiador desejoso de captar as mudanças e reconstituir vestígios apagados, Mazza Dourado dedicou-se, anos mais tarde, ao Burle Marx paisagista, focando sua obra desde os anos 1930 até meados dos anos 1960. O lançamento do livro que resultou do seu longo e sério empenho ocorreu há pouco, em 2009 precisamente, sob o título *Modernidade verde: jardins de Burle Marx*. Foi uma tarefa igualmente delicada – considerando-se a proliferação de estudos e publicações, então já considerável, sobre o artista paisagista – da qual o autor se saiu muito bem, não só porque trouxe informações novas, mas também por ter situado o jardim de Burle Marx numa história mais dilatada do paisagismo.

Agora vem a público *Belle époque dos jardins*, fruto da tese de doutorado que defendeu em 2009, sob a orientação de Hugo Segawa, em mais um giro na bobina do tempo. Com sua escrita fluente, quase jornalística, ele nos remete à charneira dos séculos XIX e XX, encaixando outra peça na crônica do nosso paisagismo.

Não se trata de uma coletânea de ilustrações bem ou mal comentadas, nem de um apanhado de reminiscências para provocar deleite nostálgico, como a expressão *belle époque* faz supor. É um trabalho de encadeamento de informações, necessário para contextualizar um esquecido protagonista do paisagismo oitocentista no Brasil: Frederico Guilherme de Albuquerque.

Para chegar a esse ponto do livro, culminante porque nele se encontra a contribuição mais original, o autor remonta às relações entre o Brasil e a França, estreitadas a partir da restauração de 1814.

Apoiado em autores que historiam a disseminação do verde nas cidades europeias, como Alain Durnerin, Michel Racine, Stéphanie Courtois e, sobretudo, Franco Panzini, faz um apanhado oportuno das ações do "exército de Alphand" (a expressão é de Panzini) na implantação dos passeios, parques e jardins públicos na Paris do Segundo Império. É um recurso duplamente útil, pois, ao mesmo tempo que monta o entrecho necessário para tratar da influência francesa nesse setor, assunto a que se dedicará adiante, disponibiliza informações que, atualmente, são encontráveis apenas em trabalhos editados no exterior.

Com base, principalmente, nas pesquisas de Sonia Berjman, mas também com aportes de Margarita Montañez, sobre o paisagismo na América do Sul, Mazza Dourado continuará a prestar um serviço ao leitor brasileiro ao colocá-lo a par das realizações dos discípulos diretos ou indiretos de Alphand na Argentina, no Uruguai e, embora de passagem, no Chile. "Fazendo a América", eis o sugestivo nome do capítulo em que introduz Édouard André, Eugène Courtois, Charles Thays, Joseph Bouvard, Édouard Gauthier, Charles e Louis-Ernest Racine, Georges Dubois, dos quais, com exceção de Bouvard, poucos aqui, mesmo sendo da área, ouviram falar. Não se atém a listá-los; oferece dados biográficos, sua filiação ou formação profissional; apresenta seus feitos.

Aos franceses no Brasil dedica um capítulo à parte. Empreende de início mais um recuo no tempo, ainda que para apenas pontuar a presença caienense, entre o fim do século XVIII e início do XIX, nas figuras de Michel de Grenouillier, Jacques Sahut e Étienne-Paul Germain. Avança então, gradualmente, mencionando as esporádicas incursões paisagísticas de Grandjean de Montigny e de Pierre Joseph Pézérat no Rio de Janeiro da época de Pedro I.

Por quase nada ter sido realizado dos projetos de paisagismo idealizados por esses arquitetos franceses, as referências a eles são breves, mas o tratado de comércio com a França, de 1826, dadas as suas consequências, já prepara a ocasião para o autor dedicar-se, mais tarde, a Frederico de Albuquerque. É que o tratado provocou uma verdadeira "avalanche de gentes e produtos", na capital do império brasileiro, abrindo oportunidades tanto para o comércio de plantas como para a vinda de horticultores e paisagistas franceses.

Normalmente, o termo avalanche pressupõe anonimato, mas o autor não se detém na manchete do fato. Apresenta nomes de comerciantes de plantas, viveiristas, desenhistas e executores de jardins, respaldado pelas notícias de jornais cariocas e recifenses compiladas por Delso Renault, Gilberto Freyre e José Antônio Gonsalves de Mello. Não poderia deixar de demorar-se em Glaziou no Rio de Janeiro, recorrendo a Carlos Terra, nem em Paul Villon, guiado por vários outros autores, mas também traz à cena nomes menos conhecidos, como os de Júlio Joly e Ambrósio Perret, horticultores que atuaram, respectivamente, em São Paulo e em Pelotas.

A trama de influências se torna mais complexa ao serem incluídos os intercâmbios indiretos nas nossas relações paisagísticas com os franceses. A "ponte" Rio de Janeiro- -Buenos Aires, estabelecida por Paul Villon e Charles Thays, por exemplo, pode ter produzido efeitos na paisagem paulistana pela introdução das tipuanas e dos jacarandás-mimosos. Tais suturas entre fatos e personagens estão constantemente presentes no livro, recompensando o leitor com descobertas.

Está tudo então preparado para o autor tratar de Frederico de Albuquerque, revelando suas facetas múltiplas, mas articuladas, de horticultor, paisagista e editor. Para tanto se serviu não só das informações que recolheu em livros e jornais, mas também das que lhe vieram pelo acesso ao arquivo da família, disponibilizado pelos bisnetos do biografado.

A sua atividade editorial foi um dos veios que o nosso autor explorou com particular dedicação. Claramente inspirado na francesa *Revue Horticole – Journal d'Horticulture*

Pratique, Albuquerque publicou, em janeiro de 1876, o primeiro número da *Revista de Horticultura – Jornal de Agricultura e Horticultura Prática*, que circulou mensalmente até dezembro de 1879. Além de editar, escrevia regularmente no periódico que criara. Dos trechos transcritos da *Revista de Horticultura* desprendem-se olores francófilos, fomentadores secretos da ambiência deste livro. Guilherme Mazza Dourado levanta o teor das matérias, as seções que compõem a revista, seus incentivadores, seus leitores no exterior e até sua diagramação, para a comprovação decisiva de quão emulada era a fonte original.

Entre as várias atuações de Frederico de Albuquerque, a mais duradoura foi a de horticultor. Diferentemente do mero comerciante de plantas, interessava-se por botânica e agricultura, gosto que satisfazia com a aquisição de publicações francesas, a ponto de constituir um acervo bibliográfico importante, cujo fragmento (ainda assim, são 101 volumes!) Mazza Dourado localizou na Biblioteca Central da Escola Politécnica da USP.

Por incursionar também como paisagista, Albuquerque mantinha-se informado em termos de projeto, seja pelos livros (entre os quais figuram manuais raros) que importava da França, seja pelo contato direto com Auguste Glaziou, no tempo em que viveu no Rio de Janeiro. Desse modo, as relações franco-brasileiras não só se fortificavam como se ramificavam eficazmente pelos desenhos de parques e jardins.

O autor avalia bem a importância dos livros que restaram da biblioteca de Frederico de Albuquerque, atingida por um incêndio: "Representam um caso único, até o momento, de conjunto bibliográfico remanescente de paisagista brasileiro ativo no Segundo Reinado, e que permite identificar não apenas as leituras e as ideias que estavam em circulação aqui, mas também de que modo elas tocaram o universo mental das primeiras gerações de profissionais brasileiros ligados aos jardins e às plantas ornamentais".

Informa-nos também que a permuta de espécies vegetais, úteis ou ornamentais, com instituições científicas e viveiristas da França foi prática comum de Albuquerque, desde que formou a primeira estação hortícola no Rio Grande do Sul, sua terra natal, em 1860. Manteve, a partir de então, contatos regulares com a Société Impériale Zoologique d'Acclimatation e com o Muséum d'Histoire Naturelle. Durante a década de

1870, enquanto funcionou a estação que montou no Rio de Janeiro, continuou a trocar informações, plantas e sementes com seus correspondentes franceses.

O comércio transoceânico, que os descobrimentos propiciaram havia quase quatro séculos, já era rotineiro na época de Albuquerque, apesar das dificuldades em se transportar produtos tão delicados como certas plantas ornamentais que ele enviava ou recebia da França. No entanto, inteira-nos o autor, já se dispunha da caixa Ward, recipiente envidraçado, projetado em 1827 por Nathaniel Bagshaw Ward, para "melhor acondicionar as mudas durante as jornadas pelos mares. Feito para viajar no convés dos navios, dispunha de painéis móveis, abertos para ventilação e regas".

Tudo isto nos conta Mazza Dourado, presenteando-nos ainda com a reprodução dos poucos desenhos de projetos paisagísticos deixados por Frederico de Albuquerque.

Os livros são bons não só pelo que informam objetivamente, mas também pelas associações que despertam no leitor. Há latências abrigadas em muitas das páginas deste bem-vindo lançamento, e as referentes às trocas são especialmente instigantes.

As trocas envolvem ganhos e perdas e levam a pensar nas simetrias e assimetrias das relações. O intercâmbio de plantas, motivado por sua utilidade, por seu valor estético ou simbólico, se não por veleidade ou exotismo, é algo antigo e bastante disseminado entre culturas e civilizações diversas. Há notícias de que mesmo os imperadores astecas o praticavam, fazendo vir dos territórios dominados, como forma de tributo, plantas e animais típicos, troféus vivos a serem expostos nos parques imperiais.

Em que pese a posição vantajosa da França comparada à nossa, na *belle époque*, seria no mínimo anacrônico querer ver nessas relações semelhanças com a espoliação colonial que sofrêramos por séculos. Pelo que nos diz Mazza Dourado, havia equanimidade nas negociações de Albuquerque com seus correspondentes franceses. Informações botânicas, sementes e plantas iam e vinham em meio ao diálogo respeitoso e profícuo entre pares. A questão, porém, não se resolve aí.

Se for permitida uma analogia com a linguagem, as plantas, como palavras, eram intercambiáveis, mas a sintaxe paisagística era francesa. Ou porque não o tivéssemos, ou porque não o soubéssemos ou não o prezássemos, não pôde se afirmar um modo próprio nosso de agenciar as plantas, nem os canteiros, caminhos e ornamentos, nos jardins. No máximo incluíamos, num texto francês, alguns vocábulos brasileiros. Muitas décadas se passaram até que nos fizéssemos ouvir em matéria de jardins.

Que nossas chamadas elites eram afrancesadas, e que isso se refletiu também nos seus jardins, não há dúvida. Não passa da constatação de um fato. Mas que diferença faria, para uma avaliação das simetrias e assimetrias nas trocas, caso preferissem jardins japoneses ou mouriscos? Parece antes fundamental o fato de, nos contatos culturais estreitos mantidos com a França durante o século XIX, e particularmente na *belle époque*, interessarem-se, de novo e tão somente, pelo produto importado em si, isolado de um contexto mais amplo.

Por mais que houvesse desequilíbrios sociais na Paris de Napoleão III, houve uma distribuição espacialmente equilibrada dos bulevares, parques e jardins públicos pela cidade. A farta difusão desses espaços verdes públicos, além de marcar fortemente a paisagem parisiense, possibilitava o acesso e o uso socialmente amplos, a ponto de caracterizar um modo de vida urbano. Simultaneamente, aqui, as iniciativas de atualização estilística nos poucos espaços verdes públicos não conseguiam suplantar o tom geral que uma sociedade escravocrata impunha também na paisagem das nossas cidades.

A vida e a atuação profissional de Frederico de Albuquerque transcorreram em meio a essas contradições. Quando iniciou seus intercâmbios com a França, em 1860, havia apenas dez anos que o tráfico de escravos fora proibido por lei, e não chegou a viver uma década depois da extinção oficial da escravidão no Brasil. Deveriam ainda estar frescas na memória coletiva as condições em que eram "acondicionados" os negros nos porões dos navios, sem disporem de caixas Ward.

Mas as disparidades se esfumam facilmente, a ponto de dificultar a distinção clara dos contornos que separam o regime monárquico escravista do republicano. Tanto é que a *belle époque* no Brasil recobre ambos os períodos (aliás, no que se refere à *belle époque*, não foi diferente em Paris). Assim, finda a Monarquia, Glaziou, que era inspetor-geral dos jardins e parques municipais do Rio de Janeiro, durante o reinado de Pedro II, passou a servir ao governo republicano à frente da Diretoria dos Jardins Públicos, Arborização e Florestas da Cidade. Respondeu pelos espaços verdes da capital da República até se aposentar, em 1897, coincidentemente, o ano da morte de Frederico de Albuquerque.

Nos primeiros tempos da República consumaram-se as reformas urbanas no Rio de Janeiro, comandadas pelo mesmo Pereira Passos que, durante o governo de Pedro II, compusera a Comissão de Melhoramentos daquela cidade. Glaziou já não estava quando Passos governou o Rio de Janeiro, mas Villon, que acompanhara seu conterrâneo nas obras paisagísticas do Império, sim.

A essas continuidades que permeiam situações supostamente diferentes, ajusta-se a persistência em trasladar da matriz as aparências, ou as peças separadas, nunca o jogo completo.

A distância parece contribuir para se enxergar hoje, com estranhamento, aquilo que na época seria visto como natural. Mas isso também é mérito de Guilherme Mazza Dourado. Ao retratar com tanta proximidade a *belle époque* dos jardins no Brasil e ao encarná-la num personagem real, suscita no leitor as mais variadas associações, além de aprazê-lo com notícias sobre aspectos ainda pouco explorados da história do nosso paisagismo.

Vladimir Bartalini
Arquiteto e professor doutor da FAU/USP

Para Hugo Segawa, em comemoração aos vinte anos que trabalhamos juntos, completados em 2009.

Para Helena Portugal Albuquerque (em memória) e seus filhos Beatriz e Luiz Portugal Albuquerque, bisnetos de Frederico Guilherme de Albuquerque, pelo importante apoio à realização de nosso estudo.

Para Murillo Marx, que infelizmente nos deixou antes de ver o livro publicado.

Introdução
Alvorada dos jardins

Se houve uma presença estrangeira a impulsionar o desenvolvimento da cultura paisagística na América do Sul, foi a circulação de jardineiros e paisagistas franceses pelo continente, entre o século XIX e as duas primeiras décadas do XX. A repercussão internacional da reforma de Paris, que galgou o posto de uma das mais belas capitais verdes da Europa oitocentista, selou definitivamente o prestígio desses profissionais perante as elites de cá. E fez com que eles se tornassem mais requisitados para trabalhar na atualização das feições de várias cidades sul-americanas, executando parques, praças e programas de arborização viária, dirigindo departamentos municipais de áreas verdes, desenhando jardins residenciais e, mesmo, incrementando o comércio continental de plantas ornamentais.

Este livro trata desse movimento de franceses na Argentina, no Uruguai, no Chile e no Brasil, e das relações que se estabeleceram entre a cultura paisagística francesa e as primeiras gerações de profissionais brasileiros, focalizando a atuação de Frederico Guilherme de Albuquerque. Rastreia-se, aqui, um elenco de técnicos e comerciantes de origem francesa que se fixou nesses países ou para eles se dirigiu em trabalhos ocasionais, urdindo uma trama de informações sobre o trânsito e as ligações diretas e indiretas que surgiram entre horticultores, paisagistas, arquitetos dedicados a jardins, coletores e negociantes de plantas, deixando de fora apenas os naturalistas e os viajantes que não tiveram envolvimento particular com jardins. Destacam-se obras, projetos e iniciativas de comércio vegetal no período que vai dos anos 1820 – década em que Grandjean de Montigny elaborou um plano de reforma para a região do Paço Imperial, no Rio de Janeiro – até 1920, quando Charles Thays desenhou os parques Cerro San Cristóbal e Florestal, em Santiago do Chile. E salientam-se, especialmente, os trabalhos empreendidos durante a *belle époque*, buscando reconhecer, em relação a eles, similitudes e peculiaridades da atuação de Albuquerque.

Pretendo, assim, estabelecer uma matriz de interpretação acerca da presença de jardineiros e paisagistas franceses em diversas localidades da América do Sul, fazendo alargar a diminuta bibliografia existente sobre o tema, cujos dois principais livros são *Plazas e parques de Buenos Aires: la obra de los paisajistas franceses* (1998) e *Os jardins no Brasil do século XIX: Glaziou revisitado* (2000). O primeiro resulta de uma meticulosa pesquisa da historiadora argentina Sonia Berjman, que localiza e discute, principalmente, o legado francês na capital portenha. O segundo é obra do pesquisador brasileiro Carlos Terra, que aborda os trabalhos centrais do paisagista bretão no Rio de Janeiro. Simultaneamente, busco abrir perspectivas inéditas de leitura, enfocando personagens brasileiros que participaram do alvorecer do paisagismo nacional no século XIX – caso de Frederico Guilherme de Albuquerque, que, apesar de sua intensa trajetória como horticultor, paisagista, escritor, editor e comerciante de plantas, é desconhecido pelos atuais estudiosos dedicados à história do paisagismo brasileiro.

O livro é uma versão ligeiramente ampliada da minha tese de doutorado, defendida no Programa de Pós-graduação do Departamento de Arquitetura e Urbanismo da Escola de Engenharia de São Carlos da Universidade de São Paulo, em março de 2009. Nele, a primeira parte, em três capítulos, contempla a presença francesa. "Paris em reforma" abre o estudo, discutindo como, durante a gestão do prefeito Georges-Eugène Haussmann, entre 1853 e 1870, deu-se a transformação verde da capital francesa, e de que modo essa experiência sedimentou um influente produto de exportação cultural e fez dilatar a fama internacional dos paisagistas e horticultores franceses em matéria de reforma e intervenção urbana.

O capítulo "Fazendo a América" mapeia o principal grupo de franceses ativos na Argentina, no Uruguai e no Chile, no período anterior, e no posterior, à reforma de Paris. Nele são verificados não só os vínculos existentes entre esses profissionais, o círculo técnico da capital francesa e outros grupos, mas também os processos que levaram à difusão de novos modelos paisagísticos em terras sul-americanas.

"Franceses no Brasil" é o segmento que relaciona essas questões ao contexto de nosso país. Estabelece um quadro referencial da atividade paisagística francesa em vários pontos do território nacional, sublinhando que não foi um fenômeno de curta duração nem geograficamente restrito à capital imperial. Destaca-se ter, esse conjunto de profissionais, um perfil variado em gênero e grau, abarcando arquitetos, comerciantes de plantas, coletores de vegetação, horticultores e paisagistas, que foram desenhando um movimento peculiar, antes e depois da presença seminal e amplamente conhecida de Auguste François-Marie Glaziou.

A segunda parte do livro verifica as repercussões da presença e cultura francesas no deslanchar das primeiras gerações de paisagistas brasileiros, analisando a obra do gaúcho Frederico Guilherme de Albuquerque. Essa parte se compõe de dois capítulos. O primeiro, "Folhas de papel", versa sobre a atividade editorial de Albuquerque, discutida logo após um breve retrospecto da fase central de sua trajetória profissional – de 1874, ano em que ingressou na seção de botânica do Museu Nacional e, paralelamente, montou seu estabelecimento hortícola no Rio de Janeiro, até 1892, quando se afastou da direção do Jardim da Luz, em São Paulo, e retornou à capital da iniciante República. Esse capítulo explica as relações profissionais que existiram entre Glaziou e Albuquerque e, sobretudo, as referências francesas no trabalho jornalístico do horticultor gaúcho, que idealizou e esteve à frente do primeiro mensário brasileiro voltado às plantas ornamentais e jardins – a *Revista de Horticultura – Jornal de Agricultura e Horticultura Prática* –, impresso entre janeiro de 1876 e dezembro de 1879.

O segundo, "Plantas viageiras", aborda outra face importante do trabalho de Frederico Guilherme de Albuquerque – a introdução, a difusão e o comércio de vegetação ornamental exótica no Brasil. Nele se estuda como, a partir de algumas ligações mantidas com entidades, colecionadores e viveiristas franceses, se formou a coleção do profissional de Rio Grande. Ao mesmo tempo, identifica-se o repertório de espécies incomuns que, entre 1874 e 1879, ele comercializou em sua estação hortícola, no Rio de Janeiro. Desse modo, foi montado um quebra-cabeça que ajuda a entender alguns dos caminhos percorridos por várias espécies estrangeiras até figurar em nossos jardins e paisagens. Ao tratar das plantas, buscou-se precisar e atualizar os nomes científicos, mediante a consultoria do botânico Allan Carlos Pscheidt. Quando isso não foi possível, optou-se por manter as designações botânicas ou populares utilizadas na época.

Ao longo da pesquisa e na fase de escrita deste trabalho, tive múltiplos auxílios de vários amigos, professores, profissionais e instituições, para os quais deixo meus sinceros agradecimentos. Em meio a eles, gostaria de mencionar: Adriana Irigoyen, Bia Hetzel, Carlos Eduardo de Castro Leal, Carlos Lemos, Carlos Roberto Monteiro de Andrade (Mancha), Carlos Terra, Celso Ohno, Denise Yamashiro, Francisco Tomasco de Albuquerque, Hamilton Arantes Bernardino (Seção de Arquivo da Superintendência de Obras Viárias da Prefeitura Municipal de São Paulo), Helena Quintana, Juliana Bueno, Luiz Antônio Ferraz Matthes, Maria Theodora da Câmara Falcão Barbosa (Tió), Mario Henrique Simão D'Agostino (Maique), Marta Irigoyen, Murillo Marx, Peter Musson, Renata Piazzalunga, Renato Salgado, Sandra Leão Barros, Sérgio Ricardo Unterkircher (Siurb-Prefeitura Municipal de São Paulo), Telma de Barros Correia, Valéria de Oliveira (Biblioteca da EESC-USP), Vladimir Bartalini.

Queria destinar agradecimentos especiais à equipe da Biblioteca do Instituto Agronômico de Campinas, nas pessoas de Luisa Helena Pompeu de Camargo Tisselli, Vangri Camargo, Lígia Luisa Barbosa Bolognini e Thamiris Horácio Alves, que foram extremamente atenciosas durante as várias seções de leitura da *Revista de Horticultura* que realizei em sua instituição; aos fotógrafos Andrés Otero e Marcos Cimardi, que documentaram cuidadosamente algumas partes dessa publicação; a Charles Thays IV e Sonia Berjman que, a partir de Buenos Aires, gentilmente franquearam a reprodução de projetos de Charles Thays e Édouard André; aos meus pais João Lima Dourado e Carmen Dente Mazza Dourado, que acompanharam vivamente a elaboração deste trabalho; à equipe da Editora Senac São Paulo, particularmente Marcus Vinicius Barili Alves, Isabel Alexandre e Luiz Guasco, que bem conduziram a publicação de mais este volume de minha autoria por essa editora.

Gostaria de reiterar meus agradecimentos à orientação de Hugo Segawa, a Helena Portugal Albuquerque (em memória) e aos seus filhos Beatriz e Luiz Portugal Albuquerque, que, além de possibilitar o acesso aos guardados de seu bisavô, me proporcionaram encontros semanais estimulantes.

I MOVIMENTO DE PAISAGISTAS FRANCESES

Paris em reforma

"Entre todos os melhoramentos realizados em Paris desde o início do Segundo Império, não há outros que mereçam mais elogios e a mais sincera admiração do que aqueles empreendidos pela Seção de Promenades et Plantations de Paris [...] nenhuma cidade hoje pode ser comparada a Paris por seus jardins, seus parques elegantes, sua rica vegetação e sua flora encantadora. Da pedreira, dos seixos e do arenito que era, Paris transforma-se num buquê."

CÉSAR DALY, 1863.

Poucas cidades europeias da segunda metade do século XIX foram tão influentes na difusão de um modelo de ambiente urbano integrado a espaços verdes quanto a Paris do Segundo Império. Entre 1853 e 1870, a capital francesa foi transformada de cima a baixo por uma ambiciosa reforma, comandada pelo prefeito Georges-Eugène Haussmann (1809-1891) e respaldada pelo imperador Napoleão III (1808-1873). Visando dar retaguarda à expansão industrial e financeira da cidade, a intervenção pôs em marcha um programa de melhorias urbanas, numa escala sem precedentes na história de Paris. Em linhas gerais, ela consistiu na atualização da infraestrutura de água, esgoto e energia elétrica, na regularização e ampliação da malha viária, na valorização do centro monumental e teve, como um de seus pontos altos, a implementação de um conjunto metropolitano de parques, praças e ruas arborizadas (Cars & Pinon, 1991).

Dois exemplos de *boulevards* arborizados durante o Segundo Império: Avenue des Champs Élysées e Boulevard des Capucines.

Em pouco mais de uma década e meia, Paris despontou aos olhos da nação e do mundo como experiência ímpar de realização qualitativa e quantitativa de espaços verdes públicos. Naqueles anos, a cidade somou mais de 1.800 ha de jardins públicos e nada menos do que 82 mil árvores passaram a emoldurar ruas e *boulevards* recém--abertos (Surand, 1991, p. 242; Limido, 2002, p. 105).

Civilizar as massas

Por que empreender tal expansão verde na capital francesa? Segundo Haussmann, a gênese dessa iniciativa provinha da determinação de Napoleão III de democratizar o acesso e a distribuição dos jardins por toda a cidade para que esses espaços exercessem uma nova função social. Em suas memórias, o prefeito menciona que, desde o início dos trabalhos, o imperador fizera recomendações expressas nesse sentido. Napoleão III estava convicto de que Paris necessitava reter o exemplo social dos parques de Londres, que ele conhecera de perto na época de seu exílio nessa cidade. Haussmann afirmava que,

> durante sua longa estada na Inglaterra, o imperador ficara abalado com o contraste entre a boa manutenção dos *squares* de Londres e o estado sórdido que apresentavam as habitações imundas onde viviam as famílias operárias [...] Assim recomendou-me não deixar passar nenhuma ocasião para realizar o maior número possível de *squares*, em todos os bairros de Paris, a fim de oferecer com abundância, como se fazia em Londres, lugares de descanso e recreação para todas as famílias, para todas as crianças ricas e pobres (*apud* Panzini 1993, p. 221).

Por trás dessa atitude de Napoleão III, havia uma mentalidade que considerava a difusão de jardins públicos capaz de civilizar a massa de trabalhadores e inibir as convulsões sociais. Mas tal mentalidade não emergiu propriamente naqueles anos. Desde o século XVIII, ganhava força na Europa o aprimoramento coletivo impulsionado pela vivência em espaços verdes ou pelo cultivo de plantas. Na Inglaterra setecentista, a

Novos comportamentos da burguesia parisiense: passeios – sobre rodas ou a cavalo – na Allée des Acacias, no Bois de Bologne.

30 / Movimento de paisagistas franceses

classe trabalhadora foi estimulada a ver na jardinagem uma ocupação edificante para o tempo livre, por conduzir à autoestima, elevar a moral e afirmar a dignidade. Assim, a cultura dos jardins entre os pobres passou a ser associada à conquista de distinção e polidez (Thomas, 1989, p. 279). Na Alemanha de fins do século XVIII, o filósofo Karl Gottlob Schelle tratou de sublinhar que o estágio de avanço de um povo era diretamente proporcional ao seu apego pelos jardins públicos. Em seu livro *A arte de passear*, apontava que "a falta de passeios organizados de forma apropriada, que sentimos muitas vezes de forma aguda, poderia se explicar pelo fato de que nos encontramos num grau muito baixo de cultura, que não faria sentir essa necessidade" (Schelle, 2001, pp. 50-51).

Educar o comportamento da massa urbana era uma motivação central – mas não a única – que inspirava e direcionava a experiência parisiense. A implementação de ambientes verdes visava atender aos anseios de uma classe alta, que vinha assimilando o gosto pelas amenidades da vida ao ar livre. Enriquecida e orgulhosa de si, a burguesia industrial e financeira estava ávida por dispor de mais cenários para reproduzir comportamentos que foram característicos da aristocracia, como os passeios a cavalo em meio às árvores, as conversas e os encontros nos parques, o jogo de se fazer ver e ser visto, a exibição de trajes elegantes, o desfile em carruagens.

Salubridade e embelezamento

O reconhecimento das árvores como recurso a serviço da salubridade urbana foi também um motivo que pesou para que o Estado francês levasse adiante seu programa verde. No início da segunda metade do século XIX, o emprego de vegetação de porte prosseguia recomendado para favorecer a circulação do ar, a dissipação de eflúvios nocivos e o dessecamento do solo, de modo a combater lugares pútridos onde, segundo as teorias dos miasmas, formavam-se as doenças. Havia, até mesmo, indicações precisas de quais espécies botânicas se mostravam mais adequadas para esse fim. Desde o século anterior, Jean-Baptiste Banau e François Turben sugeriam que plátanos (*Platanus orientalis* L.), choupos (*Populus alba* L. e *P. nigra* L.), olmos (*Ulmus campestris* var. *latifolia* (Mill.) Aiton) e bétulas (*Betula alba* var. *pendula* (Roth) Aiton), e árvores com copas horizontais ajudavam na movimentação das camadas de ar mais próximas do solo, afastando os miasmas (*apud* Corbin, 1987, p. 128).

Entre sanitaristas e engenheiros, essa visão a respeito do papel das árvores era ainda mais reconhecida do que a teoria sobre a importância das espécies na absorção de gás carbônico e produção de oxigênio. Seria apenas no apagar das luzes do século XIX que esse conhecimento prevaleceria sobre aquele, embora desde o século XVIII os trabalhos de Joseph Priestley (1733-1804), Jan Ingenhausz (1730-1799), e Antoine-Laurent de Lavoisier (1743-1794) já houvessem decifrado os processos físicos que, de fato, tornavam as árvores organismos importantes na renovação do ar.

O embelezamento urbano foi outro motor importante a justificar e conduzir os trabalhos de ajardinamento da capital. De modo geral, a perspectiva de valorização estética da cidade, especialmente de seu centro, vinha sendo reiterada pelo imperador desde dezembro de 1850. Em seu discurso nesse ano, Napoleão III sinalizava claramente suas intenções transformadoras: "Paris é o coração da França, coloquemos todos nossos esforços para embelezar esta grande cidade, para melhorar o destino de seus habitantes" (*apud* Pinon, 1991, p. 52). Bem mais que um ato isolado, essa disposição reatava com uma arte de melhoramentos urbanos, cujas origens remontavam a dois séculos. Símbolo distintivo de civilização urbana, o *embellissement public* despontou no pensamento urbano francês a partir do século XVII. Ganhou força como expressão material e ideológica do Absolutismo. E fomentou a propagação de jardins em Paris.

Espaços precursores

A capital francesa conheceu longa tradição de ambientes verdes em seu tecido urbano e em seus arredores, confirmada, também, pelo aumento de termos para denominá-los, pelo menos desde o século XVII. Era o caso das palavras *allée*, *mail*, *promenade, cours*, *pré*, *boulevard*, além das mais antigas *jardin*, *parc* e *bois*.

Os três primeiros nomes figuravam em verbetes específicos no *Dictionnaire historique d'architecture*, de Antoine-Chrysostome Quatremère de Quincy (1755-1849), editado em 1832. No espaço urbano, *allée* indicava uma alameda margeada de árvores. Mas o historiador e secretário da Académie des Beaux-Arts de Paris Quatremère de Quincy discorria que o termo, proveniente da arte dos jardins, possuía outras acepções:

> Referente à jardinagem, *allée* compreende um caminho aberto para passeio num jardim, quer disposto entre linhas de árvores, quer em meio à relva ou *parterres*. Existem *allées* simples e *allées* duplas. As simples não têm mais do que duas linhas de árvores; as duplas, quatro. Nesse caso, faz-se a distinção delas com os nomes *maîtresse allée* e *contre-allée* (Quatremère de Quincy, vol. 1, 2003, p. 31).

Mail designava o espaço sombreado, com árvores, para a prática do *palle maille*, antigo jogo que usava bola e martelo de madeira. Segundo Quatrèmere de Quincy, consistia numa área retangular, delimitada por renques de árvores que se prolongavam de 3 m a 400 m de extensão por 4 m ou 5 m de largura (Quatrèmere de Quincy, vol. 2, 2003, p. 83). Mas era a *promenade* que merecia comentários mais extensos do historiador. O termo definia, genericamente, o local por onde se passeava em meio ao verde. Jardins palacianos abertos à população originavam *promenades publiques*. Quatrèmere de Quincy prescrevia uma série de cuidados ao planejá-las e citava a experiência parisiense:

> A boa distribuição de uma *promenade publique* demanda um grande plano, composto de grandes partes. Nesse plano, as árvores devem ser regularmente plantadas, de modo que a folhagem delas produza um tal sombreamento que não deixe o sol entrar em ponto algum. Faça aleias direitas, largas, cômodas e em grande quantidade, de maneira que os frequentadores tenham liberdade de escolher onde se encontrar ou evitar um encontro. As aleias em linha reta são o caráter essencial da *promenade publique*; conceba quantas necessitar, mas independentemente de outras razões, o importante é que reine a boa ordem em semelhantes pontos, evitando-se assim que tortuosos atalhos e maciços sinuosos venham emprestar seus rodeios aos encontros que se afastam da decência [...]

> A cidade de Paris, que reúne mais célebres *promenades publiques* que outras cidades, deve-as aos grandes jardins que acompanhavam os maiores de seus palácios. Em sua origem, esses jardins não foram destinados à reunião pública, mas se tornaram próprios para esse uso, a ponto de que podemos citá-los como verdadeiros modelos desse gênero. [...]
>
> A cidade de Paris oferece ainda um outro gênero de *promenade publique*, denominado Champs-Élysées, onde, sobre vastos espaços, a multidão encontra sombra fresca, aleias espaçosas, grandes espaços descobertos para todo tipo de jogos e exercícios, caminhos onde cavalos e veículos circulam, e toda sorte de locais de descanso ou diversão (Quatrèmere de Quincy, vol. 2, 2003, pp. 314-315).

Pré definia um campo verdejante, próximo às muralhas ou às margens do rio Sena, usado para feiras, jogos e recreio da população. *Cours* provinha da palavra italiana *corso* e nominava uma via ou conjunto de vias arborizadas, com a função específica de servir para a nobreza passear de carruagem. Originado do termo alemão *Bollwerk*, que significa "muralha", *boulevard* designava inicialmente os passeios arborizados dispostos sobre as fortificações (Panzini, 1993, pp. 43-44).

Cours e boulevards

O século XVII foi pródigo na multiplicação dos *cours* e *boulevards* na cidade. Investigando como se deu o nascimento dos *cours*, Henry Sauval registra que se trata de "uma nova palavra e uma nova coisa inventada por Maria dei Medici (1573-1642). Até a Regência, não se conhecia na França outro meio de passear nos jardins senão a pé. Mas, nesse período, Paris assimila de Florença a moda de passear em carruagens nas horas mais frescas da tarde" (*apud* Panzini, 1993, p. 49).

O Cours de la Reine foi o primeiro representante dessa família de recintos verdes instituída por Maria dei Medici. Criado por volta de 1616, próximo ao Sena, no lado oeste do palácio das Tulherias, era um ambiente murado que continha três alamedas de olmos, dispostas paralelamente e articuladas em sua porção central por um espaço

Vista do Cours de la Reine, em Paris.

circular, que funcionava como ponto culminante do desfile de carruagens. Pouco tempo depois, o Cours Saint-Antoine demarcou uma alameda solene de acesso à capital, desde a porta de Saint-Antoine. Interligando o bosque de Vincennes às Tulherias, o Cours Vincennes foi uma das obras majestosas preparadas para o casamento de Luís XIV, em 1660. O Grand Cours (futuro Champs Élysées) foi outra aleia cerimonial, feita em 1670, partindo do lado oeste do palácio real (Panzini, 1993, pp. 48-54; Segawa, 1996, pp. 39-40).

A moda dos passeios em carruagem sob as copas das árvores impulsionou também o aparecimento de um tipo de espaço verde que, dali em diante, tornou-se marca registrada de Paris. Tratava-se do *boulevard*, alameda plantada sobre os baluartes, já em processo de desativação no reinado de Luís XIV (1638-1715). A conversão das muralhas no

La promenade des boulevards vers, 1760.

setor à direita do rio Sena materializou-se com os decretos reais de 1670, 1671 e 1684, que disciplinaram a implantação de passeios arborizados com olmos, inicialmente no trecho leste-norte, entre as portas de Saint-Antoine e de Saint-Martin, e depois na porção norte-oeste, até a porta de Saint-Honoré, incluindo a construção de várias rampas de acesso para os veículos. Assim, "as novas vias tripartidas, flanqueadas de olmos, estendem o modelo do Cours de la Reine a Paris inteira: um sistema de passeios públicos, em forma anular, destinado a servir a cidade toda", observa Panzini (1993, p. 53). Mas esse processo que multiplicou os *boulevards* não ficou restrito ao lado norte de Paris. A partir da década de 1760, já era possível constatar alamedas propagando-se nos terrenos das muralhas na margem esquerda do Sena, fechando, sobre os antigos limites da capital, um cinturão verde completo. Na mesma época, o sucesso desses espaços chegou a tal ponto, que, para minimizar acidentes e confusões, houve necessidade de fixar-se um regulamento de trânsito. Disciplinou-se que a alameda central ficaria reservada ao fluxo de carruagens, enquanto as duas alamedas laterais seriam destinadas a pedestres. Proibiu-se terminantemente o estacionamento de carruagens e também a circulação de veículos de carga (Panzini, 1993, pp. 51-53).

Numa Paris agitada, festiva e mundana, os *boulevards* se tornavam símbolos proeminentes gerando, com frequência, perplexidade para aqueles que provinham de fora, como no caso de Paul-Louis de Mondran (1734-1795). Escrevendo para seus pares em Toulouse, em 1773, esse cônego da Notre-Dame deixou um relato esclarecedor de como era a vida cotidiana naqueles espaços:

> Imaginai-vos numa grande avenida onde 4.000 carruagens se movem em quatro filas, lado a lado. Entre as árvores e as casas há um percurso para cavaleiros. De um lado, se vê bares abertos, onde o povo bebe à saúde dos passantes; de outro, há mil curiosidades para se ver mediante pagamento: cafés cheios de orquestras e cantores, com galerias ornadas de arlequins, pierrôs e *scaramouches* que fariam rir como ninguém o abade de St. Jean (*apud* Panzini, 1993, p. 54).

Mesmo os conturbados anos pré e pós-Revolução Francesa não chegaram a arranhar o prestígio crescente dos *boulevards*. E muito menos ocorreu aos revolucionários apagá-los definitivamente da geografia física e cultural de Paris, como fizeram com outros símbolos do poder aristocrático, como a Bastilha. A monarquia caiu, a república nasceu e os *boulevards* permaneceram – já eram ícones indissociáveis da fisionomia urbana parisiense.

Service des Promenades

Tendo uma herança significativa atrás de si – e mesmo um exemplo proeminente do outro lado do canal da Mancha –, o que distinguiria a proposta verde de Napoleão III e Haussmann? Pela primeira vez na história da capital francesa, havia uma ação coordenada de implementação de jardins públicos e arborização de vias, capaz de contemplar a maioria dos bairros, inclusive os novos. "Paris é verdadeiramente a primeira grande cidade europeia a estender o verde público à escala territorial", esclarece Panzini (1993, p. 221). Londres não experimentou iniciativa similar. A gênese de seu conjunto de parques e jardins resultava de medidas episódicas da nobreza e, depois, da burguesia, somadas ao longo do tempo, sem o suporte de uma política pública sistemática (Migliorini, 1992, pp. 94-95; Panzini, 1993, pp. 220-221). No entanto, foi sob outra ótica que os parques e *squares* londrinos se tornaram importantes: eles forneceram matrizes formais que serviram de ponto de partida para as realizações parisienses.

Em uma década e meia, a capital francesa somou mais jardins do que os feitos, em séculos, por alguns reis, e alcançou uma posição de vanguarda na propagação de índices verdes entre as grandes capitais da época. Mas esse patamar certamente seria inalcançável se Haussmann não tivesse providenciado a criação de um departamento municipal de jardins, em moldes inéditos naquele tempo.

Organizado a partir de 1854, o Service des Promenades et Plantations centralizou paulatinamente todas as operações e necessidades relacionadas à produção de espaços verdes. Em linhas gerais, suas atividades compreendiam desde o projeto e execução dos jardins até a produção de mudas, as instalações hidráulicas, a realização de pequenos edifícios, e a especificação de mobiliário e equipamentos.

A formação de seu núcleo técnico inicial deu-se a partir de um trio multidisciplinar de profissionais, indicado pelo prefeito. Tratava-se do engenheiro Jean-Charles Adolphe Alphand (1817-1891), do horticultor e paisagista Jean-Pierre Barillet-Deschamps (1824-1873), e do arquiteto Gabriel Jean Antoine Davioud (1824-1881). O primeiro e o segundo, que se tornariam personagens centrais do paisagismo francês da segunda metade do século XIX, foram arregimentados em Bordeaux. Eram próximos a Haussmann, desde os tempos em que, antes de assumir a capital francesa, ele estivera à frente daquela municipalidade. Vencedor do II Grand Prix de Rome, o terceiro foi recomendado ao prefeito por Eugène Deschamps, coordenador do plano da capital (Pinon, 2002, p. 32).

Alphand formou-se pela École Polytechnique e pela École des Ponts et Chaussées, ambas em Paris, e iniciou sua carreira trabalhando com projetos de instalações portuárias e ferroviárias. Como engenheiro-chefe da prefeitura de Bordeaux, foi um profissional versátil e ágil, que conquistou a estima de Haussmann, destacando-se tanto na reforma do cais local quanto no ajardinamento público e na decoração da cidade para a visita do príncipe-presidente Napoleão Bonaparte, em outubro de 1852 (Limido, 2002, pp. 76-82; Surand, 1991, p. 237).

Barillet-Deschamps principiou na horticultura, sob a influência de seu pai, e trabalhou como jardineiro-instrutor no reformatório de Mettray, centro-modelo na recuperação de jovens por meio de práticas de jardinagem. Por volta de 1845, aperfeiçoou-se no Jardin de Plantes de Paris, frequentando as aulas possivelmente de Charles-François Brisseau de Mirbel (1776-1854), professor de cultura e adaptação de vegetais exóticos. No final da década de 1840, montou estabelecimento hortícola em Bordeaux, progredindo rapidamente e conquistando notoriedade, inclusive como fornecedor de plantas da prefeitura e para a festa municipal de recepção ao futuro Napoleão III (Limido, 2002, pp. 71-82).

Estrutura funcional

Ao serem deslocados para a capital, Alphand recebeu o cargo de engenheiro-chefe da reforma do Bois de Boulogne; e Barillet-Deschamps, o posto de jardineiro-chefe nessa mesma obra, que inaugurou o capítulo verde do Segundo Império, convertendo em parque público uma antiga floresta real de caça. Davioud, por sua vez, foi encarregado de cuidar das construções e da especificação de uma ampla gama de equipamentos em ferro fundido para ornamentação, como fontes, bancos, lixeiras, postes de iluminação, quiosques, estátuas e gradis, que começavam a surgir no mercado francês.

Em 1838, o uso desses componentes nos jardins parisienses começou a ganhar visibilidade e prestígio, com a reforma da Place de la Concorde, onde se instalaram fontes e postes de iluminação realizados pela firma Muel de Tusey. Em 1839, foi a vez do *square* Louvais receber uma fonte fabricada por Calla. Nesse mesmo ano, a exposição nacional, que apresentava o trabalho das fundições Val d'Osne, Durenne, Calla, Ducel e Muel, tratou de evidenciar o estado da arte da produção de equipamentos de ornamentação urbana. No entanto, coube a Davioud um papel decisivo para fortalecer

23 PARIS. — La Place de la Concorde. — LL.

A Place de la Concorde e o Square Louvais figuravam entre os primeiros espaços parisienses a receber fontes e equipamentos metálicos.

HOTEL LOUVOIS - Square Louvois, PARIS.

40 / Movimento de paisagistas franceses

e ampliar a presença desses itens na paisagem da capital, a ponto de transformá-los em elementos indissociáveis da Paris reformada do Segundo Império. Quando o arquiteto não os encontrava nos catálogos das empresas, partia para encomendas específicas, que atendessem às necessidades municipais (Sainte-Marie-Gauthier, 2001a, pp. 79-80). Assim, como Panzini sublinha, nascia

> um sistema moderno de equipamento urbano, entendido como produto industrial, realizado em série e utilizado em quantidade relevante em situações diversas. Ele abarca dos manufaturados maiores, como gazebos, quiosques e gradis, aos intermediários, caso de bancos, palanques para manifestações, fontes e proteção para os troncos das árvores, até os mínimos, como aqueles arquinhos em ferro que ainda hoje assinalam o contorno dos canteiros nos parques parisienses (Panzini, 1993, pp. 245-246).

À medida que os encargos cresciam no Service des Promenades et Plantations, aumentava o número de técnicos qualificados e funcionários que se uniam à equipe original. No segundo ano de funcionamento, em 1856, o quadro de integrantes já totaliza 118 pessoas (Sainte-Marie-Gauthier, 2001a, p. 254). Nessa mesma época, era possível perceber mudanças significativas nas atribuições. Alphand passou a dirigir a seção e dividir a responsabilidade dos projetos de paisagismo com Barillet-Deschamps, que prosseguia a implantação de um sistema municipal de viveiros, auxiliado, a partir de 1860, pelo paisagista, horticultor e periodista Édouard André (1840-1911) (Limido, 2001, p. 87; Courtois, 2002, p. 52).

Na década de 1860, o modelo funcional do departamento estava plenamente consolidado. Surand ressalta que

> Alphand instituiu um sistema hierárquico que surpreende por sua modernidade. O engenheiro-chefe supervisionava duas seções principais, uma na Velha e outra na Nova Paris, e uma seção especial do Bois de Boulogne, cada qual sob a responsabilidade de um engenheiro da região; além de um setor de arquitetura dirigido por Davioud e um estabelecimento de horticultura confiado a Barillet-Deschamps (Surand, 1991, p. 244).

Implantando *squares*

Uma vez ajustada a estrutura operacional, a divisão de Alphand foi capaz de alcançar resultados em escala e velocidade desconhecidas na história da cidade. Entre 1855 e 1870, suas atividades contabilizaram mais de 100 km de *boulevards* e vias arborizadas; cinco grandes parques beneficiando todos os quadrantes urbanos, sendo dois novos (Buttes-Chaumont e Montsouris) e três completamente reformados (Bois de Boulogne, Bois de Vincennes, e Monceau); afora 24 *squares* distribuídos na maioria dos bairros, embora com maior concentração na Velha Paris (Sainte-Marie-Gauthier, 2001a, pp. 82-83; Texier-Rideau, 2001, p. 68).

Peças-chave que asseguravam rápida visibilidade ao programa de melhorias paisagísticas de Alphand, os *squares* representam mais uma tipologia incorporada ao repertório tradicional de espaços verdejantes parisienses. Pelo menos desde 1785, já havia quem se batesse pela difusão deles na capital, seguindo o exemplo de Londres. Era o caso de Jean-Baptiste Elie de Beaumont (1732-1786), autor de *Lettre sur l'embellissement et l'amélioration de Paris*, um opúsculo publicado naquele ano, que sugeria a criação de dezenas de *squares* em Paris, situando-os em terrenos conquistados com a substituição de casas de baixo valor (Langlois, 2001, pp. 55-56). No entanto, o trabalho da equipe de Alphand foi responsável por firmar e ampliar a presença desses recintos ajardinados na paisagem da capital francesa.

O que definia o *square* parisiense? Era um jardim público cercado, de dimensões pequenas ou médias, geralmente rodeado de ruas e prédios, e programado para atender a vizinhança ou o bairro. Portanto, não se confundia com um parque municipal, cuja localização, escala e capacidade funcional eram bem distintas. Sua origem derivava da ação estatal – ao contrário do padrão londrino, que resultava de operações imobiliárias da iniciativa privada, num processo inaugurado com a reconstrução da capital inglesa após o devastador incêndio de 1666. Quanto ao ingresso, também havia diferenças. O modelo parisiense apresentava-se franqueado a todos os cidadãos, enquanto o londrino se direcionava apenas a um grupo seleto de moradores das cercanias, que adquiriam o direito de usufruí-lo, dispondo da chave do portão e responsabilizando-se pela manutenção (Panzini, 1993, pp. 144-146; Segawa, 1996, p. 44).

Square des Batignolles e Place des Vosges, em Paris.

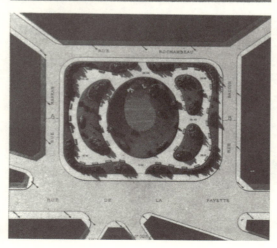

Perspectiva, corte e plano do Square Montholon.

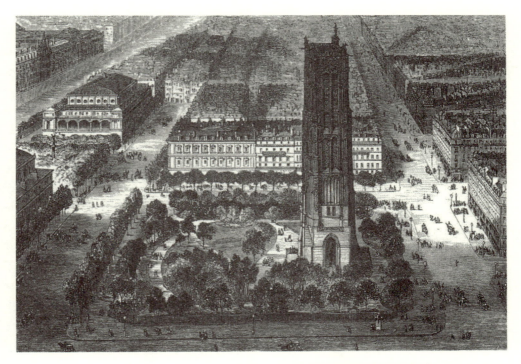

Perspectiva e plano do Square Saint-Jacques.

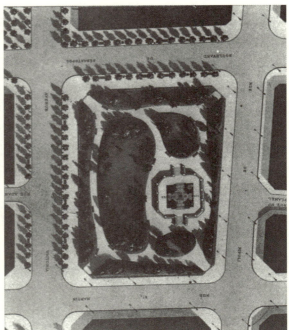

A formação do elenco de *squares* parisienses aconteceu segundo três procedimentos. Primeiro, em terrenos recém-conquistados por meio de demolições, como Saint-Jacques, Arts et Métiers, Montholon, Monge e Ménages. Segundo, pela transformação de antigas praças, caso de Batignolles, Belleville, Montrouge, Réunion e Grenelle. Terceiro, com o redesenho de jardim público ou *place plantée*, como Vosges, Vintimille e Louvois. Em todos os casos, eram ambientes guarnecidos com cercas e portões, abertos em horários determinados, indicando a crescente preocupação do Estado, principalmente de Napoleão III, em aprimorar os aparatos de segurança e controle da cidade, tendo ainda bem presente os efeitos das revoltas populares de pouco tempo atrás. Nesse sentido, os *squares* eram territórios públicos sem a possibilidade de circulação completamente livre e a qualquer tempo, como nos *boulevards*, *promenades*, *mails* e mesmo nas antigas *places plantées* (Texier-Rideau, 2001, pp. 68-71). Essa característica provocou severa oposição de alguns intelectuais e filósofos. Nesse programa paisagístico, Walter Benjamin via nada mais do que um disfarce para mais repressão policial, apelidando-o maldosamente de *embellissement stratégique* (Panzini, 1993, p. 223).

Jardim paisagista

Qual o tipo de solução plástica que boa parte dos parques e *squares* apresentava? Adotavam a mesma sintaxe formal do jardim paisagista que vingou na Inglaterra do século XVIII? Foi a partir da década de 1760 que o jardim paisagista aportou e fez escola na França, respaldado pelo aparecimento de obras literárias que debatiam o retorno à simplicidade da natureza como antídoto à corrupção social – caso de *Julie ou La nouvelle Héloïse*, de Jean-Jacques Rousseau (1712-1778), publicada em 1761.

Figura próxima a Rousseau (e viajante que conhecia de perto os parques rurais da Inglaterra), o marquês René Louis de Girardin (1735-1808) tratou de converter em jardim paisagista sua propriedade de Ermenonville, ao norte de Paris. Entre 1763 e 1776, com o auxílio do arquiteto e paisagista Jean-Marie Morel (1728-1810) e do pintor e paisagista Hubert Robert (1733-1808), empenhou-se nessa tarefa. Espaços com traçados irregulares e caprichosos, segundo o gosto pitoresco, também deram forma ao parque de Monceau, em Paris. Eles surgiram entre 1773 e 1778, por encomenda do duque de Chartres ao pintor Louis Carrogis (1717-1806), conhecido como Carmontelle. O nobre François Racine de Moville (1734-1797) pôs em marcha a execução de seu Desért de Retz, materializando mais um exemplo da aplicação do ideário do jardim paisagista, com grutas, ruínas e pavilhões salpicados em meio a cenários idílicos, montados nas vizinhanças da capital francesa, no período pós-1774 (Conan, 2001, pp. 169-172; Mosser, 2001, p. 151; Cendres, 2001, pp. 167-168).

Todavia, não era apenas a alta nobreza que estava a par dessa vaga e esmerava-se em adotá-la em suas grandes propriedades, mesmo às vésperas do apagar das luzes do Absolutismo. A própria rainha Maria Antonieta (1755-1793) fez criar – para seu deleite pessoal e de seu séquito – um jardim inglês em meio aos domínios de Versalhes. Entre 1780 e 1782, o Hameau de la Reine foi implementado sob o comando do arquiteto Richard Mique (1728-1794) e do paisagista Antoine Richard (1735-1807), então responsável pelos jardins do Trianon de Versalhes (Courtois, 2001a, pp. 107-109).

No correr da primeira metade do século XIX, essa matriz plástica foi sofrendo transformações, a ponto de resultar na constituição de outro modelo compositivo que teve, entre seus melhores exemplos de aplicação, o conjunto de *squares* e parques de Paris realizado a partir de 1853. Mas quais eram as características desse outro modelo? Voltava-se eminentemente ao meio urbano e podia ser adotado em todas as escalas de terreno – algo impossível no caso inglês do século XVIII, que dependia de grandes extensões rurais ou suburbanas para alcançar plenamente seus resultados. Como princípio norteador da organização espacial, mantinha a adoção de traçados curvos, mas esses traçados atingiam maior complexidade e tornavam-se mais entramados à medida que crescia a dimensão das áreas a serem projetadas. Tal matriz reabilitava a expressividade das partes, dos detalhes e artifícios compositivos, papel anteriormente diluído em favor da montagem de cenários que parecessem tão naturais quanto o próprio ambiente natural. E retomava um interesse pela profusão ornamental, com a supervalorização de ruínas, grutas, rocalhas, lagos e cascatas, além de usar e abusar de canteiros multicoloridos de flores e combinações inusitadas de plantas exóticas, recém-disponibilizadas pelos avanços da horticultura e do comércio vegetal de modo geral.

Parque Buttes-Chaumont.

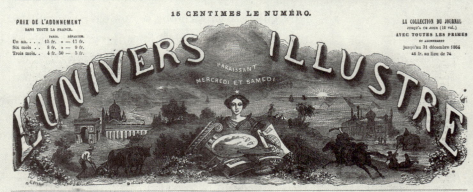

Square Batignolles.

Essas mudanças certamente não teriam se afigurado sem a influência direta de novos fluxos de ideias e de agentes que despontaram do outro lado do canal da Mancha. Era o caso do polivalente arquiteto, paisagista e teórico escocês John Claudius Loudon (1783-1843), que, afastando-se progressivamente das lições ortodoxas do pitoresco, tratou de restabelecer a importância dos canteiros e dos trabalhos hortícolas nos jardins (Panzini, 1993, p. 165).

O Bois de Boulogne (1854-1858) e os *squares* Saint-Jacques (1856) e Temple (1857) deram a largada para a experimentação dessa gramática plástica renovada, posteriormente chamada de jardim paisagista moderno ou estilo paisagista moderno (sobre estas designações, consultar Lefebvre, 1897, pp. 162-165; Panzini, 1993, pp. 250-251). Pouco depois, despontaram mais alguns pontos altos de sua experimentação, como o parque Buttes-Chaumont (1864-1867) e o *square* Batignolles (1862). Nessas ou nas demais realizações da equipe de Alphand, porém, duas estratégias tornaram-se elementos-chave: a manipulação de um repertório botânico pouco comum, especialmente de plantas herbáceas e arbustivas, com folhas ou flores significativas, empregadas no desenho de corbelhas em meio aos gramados; e a intensa adoção de rocalhas, grutas e cascatas artificiais, fabricadas por uma categoria profissional peculiar – os *rocailleurs*.

Ornamentação rústica

A construção de grutas e elementos ornamentais – com insólitas associações de formas humanas, animais e vegetais –, que utilizava geralmente pedras e conchas unidas com argamassa, teve uma longa tradição nos jardins desde a Antiguidade clássica. Na França, essa arte decorativa, também chamada de ornamentação rústica, surgiu no século XVI, mas as palavras *rocaille* e *rocailleur* (que indicavam a prática e o praticante, respectivamente) só entraram em uso no início do século seguinte. Em 1636, *rocaille* era definida mediante duas acepções relacionadas: "um pedaço de mineral, pedra ou seixo de forma torneada que, associado com conchas, utiliza-se para construir grutas artificiais e decorações de jardim" e "arte de escultura e arquitetura de grutas", segundo o *Dictionnaire analogique de la langue française* (*apud* Racine, 2001b, pp. 55-56).

Atravessando etapas de maior ou menor reconhecimento, essa atividade escultórica pautada na imitação de elementos dos reinos naturais e no uso de materiais brutos perdurou, e modificou-se, nos tempos seguintes. Contudo, foi no século XIX que ela alcançou visibilidade e proliferação inigualável no território francês. Com o gosto em alta pelos cenários rochosos, pelas cascatas e construções rústicas, houve um crescimento vertiginoso da demanda por esses trabalhos, a ponto de eles se tornarem indissociáveis da noção de jardim público francês e, particularmente, parisiense da segunda metade do século XIX e das primeiras décadas do XX (Racine, 2001b, pp. 77-82).

Cascata artificial no Bois de Boulogne.

Cenários montados com falsas rochas, no parque Buttes-Chaumont.

1552. PARIS (19e arrt) — Buttes-Chaumont — La Grotte

E. V. 563. PARIS (XIXe) — Buttes Chaumont — Une Cascade

95. — PARIS. — Buttes Chaumont — La Grotte

Mas a busca em produzir conjuntos de pedras artificiais mais verossímeis, e com dimensões próximas às escalas da paisagem natural, não teria se operado sem uma revolução técnica. Testando novos meios de realizar suas fantasias pétreas, *rocailleurs* e jardineiros participaram da descoberta e do aprimoramento do cimento Portland e do concreto armado. Isso bem antes desses recursos serem assimilados pela engenharia civil e arquitetura. Racine sublinha que "do início do século XIX ao início do XX, é na criação de paisagens que são realizadas as mais frequentes invenções e experimentações com o cimento moderno (cimento armado ou concreto armado), inclusive em grande escala" (Racine, 2001b, p. 82).

Ao longo do século XIX, na mesma medida que a experimentação material caminhava a passos largos, avançavam consideravelmente as páginas dedicadas, pela tratadística francesa de jardins, às rocalhas e ornamentações rústicas. Assim, *Plans des plus beaux jardins pittoresques de France, d'Angleterre et d'Allemagne*, de Jean-Charles Krafft (1764-1833), editado entre 1809 e 1810; *Plans raisonnés de toutes espèces de jardins*, de Gabriel Thouin (1747-1829), lançado em 1819; *Manuel de l'architecture des jardins*, de Pierre Boitard (1789-1859), impresso em 1854; *L'art des jardins. Parcs, jardins, promenades*, de Alfred Auguste Ernouf (1817-1889), publicado em 1868 e relançado em nova versão em coautoria com Jean-Charles Adolphe Alphand, em 1886; *Les promenades de Paris*, também de Alphand, impresso em 1873; *L'art des jardins*, de Édouard André, publicado em 1879; e, ainda, *L'architecte paysagiste*, de Armand Péan, editado em 1886, foram – entre um farto elenco em circulação pelo país, Europa e mesmo Américas – alguns dos principais livros que, progressivamente, ofereciam mais repertórios plásticos e informações técnicas sobre a fabricação de pedras falsas e ornamentos com formatos de troncos e galhos de árvores (Racine, 2001b, pp. 69-74).

O marco da incorporação definitiva desses adornos aos espaços públicos franceses vingou com a reforma paisagística de Paris, tendo Buttes-Chaumont como uma das vitrinas a exibir o estado da arte dos *rocailleurs*. Nesse parque, M. Combaz e sua equipe reconheceram a oportunidade de fazer um cenário rochoso mais audaz do que o da cascata que, pouco tempo antes, realizaram no Bois de Boulogne. Aproveitaram um outeiro preexistente, redesenhando-o quase completamente, com a aplicação de rochas artificiais pré-moldadas em concreto armado, e adicionando, também em concreto armado, uma ampla gruta com cascata e falsas estalactites, que chegavam a 8 m de comprimento. Além disso, diversos recantos do parque foram guarnecidos com cercas e guarda-corpos que imitavam galhos entrecruzados, lançando-se mão da mesma técnica de moldagem com formas e acabamento manual das texturas (Racine, 2001b, pp. 87-88).

Mas os predicados que estavam definindo o programa verde parisiense não paravam aí. Componente tão ou mais importante que os cenários rochosos era o repertório vegetal, selecionado, produzido e mantido segundo um meticuloso trabalho, a cargo de Barillet-Deschamps e sua equipe.

Sistema de viveiros

A partir de 1855, tomou corpo a decisão de estruturar um sistema municipal de viveiros capaz de prover, ao longo do tempo, todo o material botânico necessário à execução e conservação dos jardins públicos de Paris. Isso após algumas experiências frustradas de aquisição de mudas de árvores com fornecedores privados. Além de não conseguirem oferecer quantidade com qualidade, os preços que estavam praticando colocavam em cheque a viabilidade do programa de ajardinamento municipal. Portanto, para o Service des Promenades et Plantations, tornara-se essencial buscar a autossuficiência na produção vegetal, se não quisesse ver seus planos irem por água abaixo (Limido, 2002, p. 91).

A criação do sistema, sob a responsabilidade direta de Barillet-Deschamps, envolveu, entre 1855 e 1865, a formação de cinco viveiros, cada qual com uma especialidade e num local diferente da cidade. O primeiro deles, anexo ao Bois de Boulogne, foi o Fleuriste de la Muette, dedicado à produção de flores e plantas ornamentais em geral. O segundo, em Longchamp, concentrou-se em prover árvores e arbustos de folhas caducas. O terceiro, nas cercanias de Mare d'Auteuil, voltou-se às coníferas. O quarto, localizado em Petit-Bry, tratou das *arbres d'alignement*, ou seja, das espécies destinadas à arborização das vias, selecionadas por suas características de crescimento rápido, formas bem definidas, sombra fechada no verão e resistência às doenças. Para os *boulevards* que dispunham de amplos espaços, preparavam-se mudas de árvores de grande porte, como plátanos (*Platanus orientalis* L.), olmos (*Ulmus campestris* var. *latifolia* (Mill.) Aiton), tí-

Vista do Fleuriste de la Muette.

lias-prateadas (*Tilia argentea* Desf. ex DC.) e castanheiras-da-índia (*Aesculus hippocastanum* L.). Já para as ruas de menor largura, cultivavam-se acácias, áceres, ailantos (*Ailanthus altissima* (Mill.) Swingle), catalpas e quiris-chineses (*Paulownia fortunei* (Seem.) Hemsl.). O último viveiro consistiu em uma filial do Fleuriste de la Muette, organizado em Vincennes à medida que Barillet-Deschamps expandia o emprego, principalmente nos recintos públicos da capital, de corbelhas, *parterres* de flores e grupos de plantas com folhagem marcante (Limido, 2002, p. 91; Panzini, 1993, p. 245).

Fábrica de mudas

Em 1865, o Fleuriste de la Muette, sozinho, já era capaz de disponibilizar mais de 870 mil mudas de plantas ornamentais de pequeno, médio e grande porte. O setor de flores provia matéria-prima mais do que suficiente para uma substituição contínua das espécies logo que suas inflorescências murchassem nos jardins públicos, assegurando que eles se mantivessem permanentemente floridos entre abril e outubro, ou seja, do começo da primavera até o fim do outono (Limido, 2002, p. 93). Essa capacidade incomum de fornecimento, resultante de procedimentos bem próximos à racionalização industrial, não passou despercebida num artigo do *Le Moniteur Universel*, de 27 de novembro de 1863, que abordava a primeira ampliação das instalações do Fleuriste de la Muette. A matéria salientava a existência de mais de 24 estufas especializadas em plantas de climas frios, temperados e tropicais, que transformavam esse viveiro num estabelecimento "único na Europa", comparável à "verdadeira fábrica onde os vegetais saem aos milhares e não se conhece desemprego". Destacava igualmente a presença de uma

> vasta estufa quente que cobre 433 m de terreno e está dedicada à cultura das palmeiras e outros grandes vegetais em número próximo de 2.000. Numa outra estufa, habitam 250 camélias, com 2 a 6 m de altura. [...] Uma estufa fria de 395 m contém uma coleção de mais de 300 variedades de camélias em caixas e vasos, uma coleção de eucaliptos e uma outra de mimosas, somando mais de 3.000 plantas no total (*apud* Limido, 2002, p. 96).

Veículo desenhado por Barillet-Deschamps para facilitar o transporte de árvores de porte.

Afora o considerável trabalho de preparação de mudas, o Fleuriste dedicava-se também à recuperação de plantas doentes e ao abrigo de espécies tropicais – bananeiras, colocásias e palmeiras –, que eram retiradas dos jardins pouco antes do inverno e posteriormente, logo que o clima permitisse, recolocadas. Mas essa atividade intensa não teria sido bem-sucedida se Barillet-Deschamps não interagisse com uma rede dinâmica de contatos para obter plantas exóticas e trocar informações sobre modos de cultivo e combate de pragas. O paisagista correspondia-se especialmente com os jardins botânicos de Orléans, Lyon, Bordeaux, Bruxelas, Paris, Argélia, e com as sociedades hortícolas de Paris, da Gironde, e de Gand, na Bélgica, além de outras instituições em várias partes da França e do exterior (Limido, 2002, pp. 93, 99).

Desse modo, Barillet-Deschamps não somente conseguia espécies pouco comuns como as introduzia (frequentemente pela primeira vez) em jardins públicos na Europa. Testemunhando o impacto dessa iniciativa na época, em seu artigo "Les jardins de Paris", publicado em 1867, Édouard André reconhecia que a capital

> foi surpreendida por uma procissão de carroças transportando árvores centenárias que, da noite para o dia, cobriram seus ombros senhoriais com novos jardins. Neles, os maciços

de arbustos e plantas raras prosperam em competição, e a flora mais variada se compraz em lhes ornar ao longo de oito meses do ano. Em Saint-Jacques apareceram as primeiras *wigandias* em pleno solo, causando admiração em todo mundo pela beleza inusitada de sua folhagem. Lá foram ensaiadas, pouco a pouco, as canas-da-índia, as colocásias do Brasil e da Índia, as bananeiras, as palmeiras da Argélia e de Bourbon, as figueiras da Amazônia (*apud* Limido, 2002, p. 112).

Produto de exportação

O gosto por ornamentar praças e parques públicos – especialmente com vegetação exótica – firmou-se na segunda metade do século XIX, e tal tendência disseminou-se em várias cidades da Europa. Poucas delas, todavia, conseguiram atingir um patamar qualitativo e quantitativo equivalente ao da capital francesa. E nenhuma foi capaz de sedimentar um protótipo de jardim público tão influente, na época, quanto a Paris do Segundo Império. Como sintetiza Panzini, é justamente a partir desse experimento que se consolida uma escola de profissionais e

> triunfa o chamado estilo paisagístico moderno, então adaptado ao ambiente urbano: agradáveis composições de prados ondulados que formam depressões recortadas por caminhos e pequenos bosques graciosamente modelados, de canteiros verdes sulcados por leitos de flores coloridas, de arbustos floridos que emergem da massa das árvores (Panzini, 1993, pp. 250-251).

Muito além de influir apenas nos rumos da produção paisagística nacional, a Cidade Luz conseguira transformar a experimentação de seus parques e praças em produto notável de exportação cultural, cuja circulação em pouco tempo transpôs a própria Europa, avançando pelas paragens mais distantes do globo. Mas, sem a disposição de uma legião de paisagistas e horticultores franceses – diretamente ligados, ou não, a Alphand, Barillet-Deschamps e equipe – de levar pessoalmente ideias e métodos de trabalho para territórios distantes, como a América do Sul, a expansão e a receptividade internacional desse modelo provavelmente não teriam o alcance obtido.

Fazendo a América

"Dom Carlos Thays havia chegado do outro lado do mar. Vinha da doce terra de França, trazendo em seus olhos a visão harmoniosa da capital mais bela do mundo.

Em nosso país, encontrou uma vasta cidade achatada e triste, edificada apenas pelo cinza das paredes sobre o pampa circundante. Talvez por isso quis se estabelecer entre nós desde o primeiro momento."

La Fronda, Buenos Aires, 1934.

No século XIX, a América do Sul foi sacudida por um processo complexo de mudanças, intenso e contraditório. O jugo colonial luso-hispânico encerrou-se na maior parte de seu território, abrindo possibilidades desconhecidas para que cada nação tomasse as rédeas de seu próprio destino. O progressivo rearranjo das finanças regionais – com o aumento das exportações de produtos agropecuários e da circulação de capitais promovida por investimentos internacionais – gerou novos centros de prosperidade. Nesses países emergentes, ganhou força o desejo de superar as mazelas da herança colonial, fazendo com que suas elites dirigentes acreditassem ter chegado o momento de acertar os ponteiros nacionais com o relógio global, pondo-se em harmonia com as forças inexoráveis do progresso e da civilização. O sentimento de ruptura com a letargia do passado colonial avança, amalgamado às expectativas de repaginar todas as esferas do cotidiano local, almejando-se atingir o mesmo patamar de desenvolvimento das mais adiantadas nações europeias. Nesse processo, urgia modernizar as cidades, investir na industrialização, atualizar os padrões de gosto, enfim, transformar de cima a baixo o quadro material, social e cultural sul-americano.

Nada mais se mostrou tão persuasivo para sedimentar tais objetivos de adentrar a civilização e o progresso quanto se espelhar na Paris reformada e nos modelos culturais que, a partir da década de 1850, sob a égide de Napoleão III, ela irradiava. Assim, na América do Sul, consolidou-se e alastrou-se uma francofilia, com expressão notável no campo do paisagismo, que impulsionou a realização de parques, jardins públicos e programas de arborização, revolucionando as feições dos principais centros urbanos locais, difundindo novos espaços e hábitos na esfera residencial, e incrementando o comércio de plantas ornamentais.

Argentina

No contexto sul-americano, a Argentina foi um dos primeiros países a abrir um mercado de trabalho para horticultores e paisagistas franceses, recorrendo amplamente a seus serviços para implementar melhorias nas principais cidades do país. Entre os primeiros e mais importantes profissionais franceses que aí aportaram, estavam Édouard André, Eugène Courtois e Charles Thays.

Em 1867, o cônsul francês John Le Long e o embaixador argentino Domingo Faustino Sarmiento (1811-1888) – pouco depois empossado na presidência da Argentina – iniciaram uma articulação para que Édouard André elaborasse um plano paisagístico para Buenos Aires, então principal centro mercantil e porto nacional, que disputava abrigar a capital do governo federal. Nesse ano, Sarmiento, que estava em Paris para acompanhar a exposição universal, conheceu André por intermédio de Le Long e foi acompanhado pelo paisagista em visita aos viveiros municipais (Berjman, 1998, pp. 35-42).

Édouard André

Quem era o paisagista escolhido por Le Long e Sarmiento? Natural da cidade de Bourges, na região central da França, Édouard André era então um jovem de 28 anos, que principiava a notabilizar-se como paisagista, horticultor, pesquisador botânico e teórico dos jardins. Discípulo de Jean-Charles Adolphe Alphand e Pierre Barillet-Deschamps, André trabalhou no Service des Promenades et Plantations de Paris, a partir de 1860, de início nos viveiros do Fleuriste de la Muette e, depois, acumulando mais responsabilidades, como a especificação botânica do parque Buttes-Chaumont, realizada entre 1864 e 1867. Nesse mesmo ano, venceu o concurso internacional para o parque Sefton, em Liverpool, Inglaterra, que funcionou como seu passaporte para a conquista de mais trabalhos no exterior: parques e intervenções paisagísticas na Dinamarca, na Holanda, na Itália, em Luxemburgo, na Suíça, na Lituânia e na Bulgária (Courtois, 2002, pp. 52-55).

Em 1870, André assumiu o posto de redator-chefe da revista belga *L'Illustration Horticole* e, em 1882, a mesma atribuição na revista francesa *Revue Horticole*, que figuravam entre os mais destacados impressos sobre jardins e plantas ornamentais na época. Sua obra editorial máxima foi *L'art des jardins: traité général de la composition des parcs et jardins*, publicada em 1879 e reconhecida posteriormente, no gênero, como um dos trabalhos fundamentais escrito no século XIX. Além de intensa atividade prática e teórica, André foi professor de arquitetura paisagística na École Nationale d'Horticulture de Versailles, entre 1892 e 1901 (Courtois, 2001b, pp. 43-54; Durnerin, 2002, p. 94).

Em outubro de 1868, a proposta de André para Buenos Aires foi enviada a Sarmiento. Em linhas gerais, consistia em redefinir e articular uma série de áreas verdes, reformando estruturas preexistentes e acrescentando novos espaços, segundo tipologias características e estratégias adotadas em Paris. O ponto de partida era tratar com vegetação sete praças antigas, moldando-as como os *squares* desenhados por Alphand e Barillet-Deschamps. Além delas, seria criado um *square* de grandes proporções, com a fusão das praças 25 de Mayo e Victoria (atual Plaza de Mayo), que se projetaria em meio círculo na direção do rio da Prata. A parte mais complexa do projeto envolvia a formação de um parque linear margeando o rio e, próximo a ele, a implantação de um *boulevard*, um dos primeiros da capital, que ligaria Barracas a Palermo, ramificando-se em avenidas menores e sendo arrematado por um grande parque situado nesse bairro. Apesar dos esforços de Le Long – que até abril de 1869 prosseguiu cobrando alguma definição da parte de Sarmiento –, o detalhamento e a execução do plano não seguiram adiante (Berjman, 1998, p. 43).

Eugène Courtois

O trabalho de André constituiu o prenúncio da aplicação de pautas parisienses nas iniciativas da municipalidade portenha. Todavia, coube ao paisagista Eugène Courtois a tarefa de, intensa e extensamente, materializá-las nos espaços públicos bonaerenses, quando, entre 1878 e 1889, em períodos alternados, esteve no comando da Diretoria de Passeios (Berjman, 1998, p. 73; 2001b, p. 145). De perfil mais prático que teórico, Courtois iniciou sua carreira na França como professor de botânica e horticultura e ocupou o posto de segundo jardineiro dos viveiros da Escola de Medicina de Paris. Munido dessas credenciais, transferiu-se para Buenos Aires em 1860 e, tempos depois, ingressou como jardineiro no Departamento Municipal de Áreas Verdes (Berjman, 2002b, p. 110).

A atuação de Courtois à frente dos espaços verdes portenhos confunde-se com o momento de transformação da cidade colonial em capital cosmopolita, que almejava ser uma Paris da América do Sul. Respaldado pelo prefeito Torcuato de Alvear (1822-1890), que deu andamento a um projeto drástico de atualização da infraestrutura urbana e de afrancesamento das feições da cidade, o paisagista encontrou condições para desenvolver o mais importante programa de ajardinamento público até então realizado em Buenos Aires.

Do mesmo modo que Alphand e Barillet-Deschamps em Paris, Courtois focalizou o início de seu trabalho na remodelação dos espaços públicos preexistentes, algo que poderia fazer com uma provisão contida de recursos e que alcançaria visibilidade de resultados quase imediata. Concentrou-se na reforma das antigas praças, de desenho hispânico, metamorfoseando-as. De territórios apenas calçados, transformaram-se em ilhas verdejantes, que esbanjavam canteiros floridos, gramados e maciços de árvores e, pela primeira vez, incorporavam itens programáticos do jardim público parisien-

Projetos de Courtois: Plaza Lavalle e Paseo de Julio.

se, como ruínas artificiais, grutas, lagos, pontes, cascatas e fontes metálicas. Todavia, boa parte desses espaços não foi convertida em *squares*, ou seja, jardins públicos de pequena e média escala, cercados e com acesso controlado, mediante horários específicos de abertura e fechamento dos portões. As intervenções do paisagista estenderam-se às praças Flores, 6 de Junio (atual Vicente López), 29 de Noviembre (atual Garay), Mayo, Constitución, San Martín, Lavalle, General Belgrano, 11 de Septiembre (atual Miserere), Libertad, Lorea, Herrera, Güemes, Virrey Vértiz e Intendente Casares, no Jardim Botânico (Berjman, 1998, p. 84).

Estratégias formais

No redesenho de algumas praças, Courtois preferiu elaborar composições geométricas inspiradas nos jardins clássicos franceses, na contramão do tipo de traçado que norteou a maioria dos *squares* da capital francesa. Por outro lado, reservou aos espaços de maior envergadura – parque 3 de Febrero, Paseo Intendente Alvear, Paseo de la Convalescencia (atual Plaza España) e Plaza Constitución – a aplicação de soluções curvilíneas características do jardim paisagista moderno. Além disso, atribuiu papel destacado a outros ingredientes compositivos, como grutas artificiais, rocalhas e falsas ruínas. Na realidade, Courtois foi um dos promotores da introdução desses elementos nos jardins públicos bonaerenses, a partir da década de 1880, destacando-se as fantasiosas construções de rochas artificiais nas praças Constitución, 29 de Noviembre e San Martín e no Paseo Intendente Alvear (Berjman, 1998, p. 79).

A gruta da Recoleta – uma caverna com estalactites, mirante e rocalhas, possivelmente a primeira de maior porte feita nos espaços verdes da capital – surgiu em 1882. Em 1886, o conjunto pétreo da Plaza 29 de Noviembre foi erguido pela empresa de Guillermo Crettet. Apresentava gruta e cascata, que se desenvolviam numa área de 7 m x 6 m e chegavam a 7 m de altura, afora ponte rústica, que imitava troncos de madeira sobre o lago. Nesse mesmo ano, despontou também a gruta da praça San Martín. Mas o cenário rochoso mais extravagante, obra do arquiteto Ulrico Courtois (que, apesar do mesmo sobrenome, não tinha parentesco com o paisagista), foi aquele construído para a Plaza Constitución. A proposta era um misto de castelo medieval em ruínas,

Rocalhas na Plaza de la Constitución, construídas por Ulrico Courtois.

gruta e cascata, que se soerguia a 10 m de altura e dava a impressão de estar na iminência de tombar. Foi de longe o trabalho mais polêmico no gênero realizado na capital portenha, que mereceu ampla cobertura da imprensa e suscitou ferrenhos detratores e não menos veementes defensores (Schávelzon & Magaz, 1989, pp. 54-57; Berjman, 1998, pp. 79-80).

Arborização e viveiro

Em paralelo à transformação dos parques e jardins, Courtois dedicou-se à arborização de vias, dispondo aleias com exemplares da mesma espécie e em plantio equidistante, para obter conjuntos de marcante homogeneidade, como os padrões da capital francesa. Em 1888, em apenas um ano, chegou a plantar 6 mil árvores ao longo das avenidas. E fez evidenciar seu trabalho em eixos importantes de circulação, transformando-os em *boulevards*, como as avenidas Callao-Entre Rios, Rivadavia, Córdoba, Calle Larga de la Recoleta, Belgrano, Camino de Palermo e Paseo de Julio (Berjman, 1998, p. 78). Mas tanto a realização desses corredores verdes quanto a implementação e a reforma dos parques e jardins públicos não teriam sido possíveis se, entre suas prioridades, o paisagista não houvesse incluído a formação de um viveiro de plantas, do mesmo modo que Alphand e Barillet-Deschamps fizeram com o Fleuriste de la Muette.

Situado no bairro de Barracas, esse centro produtor denominado Jardín del Sud foi montado em setor anexo ao parque da Convalescencia, servindo, também, como sede da Diretoria de Passeios. A meta era promover, em breve tempo, a autossuficiência das necessidades municipais. Em 1883, Jardín del Sud já disponibilizava 5.300 mudas em vaso e 7 mil espécimes em canteiros. Dois anos depois, fornecia 23.203 plantas, entre as quase 90 mil que estavam em cultivo, dispensando, então, a prefeitura de qualquer compra adicional em viveiros particulares. Afora a cultura de espécies exóticas, mormente aquelas celebrizadas pela Paris reformada – plátanos (*Platanus orientalis* L.), salgueiros (*Salix babylonica* L.) e tantas outras –, esse viveiro possibilitou a Courtois testar e introduzir plantas com potencial ornamental nativas da Argentina – caso das tipuanas (*Tipuana tipu* (Benth.) Kuntze) –, e também plantas tropicais (no auge da fama na Europa) – como as vitórias-régias (*Victoria amazonica* (Poepp.) J. C. Sowerby), exibidas

Avenida Callao, *boulevard* arborizado por Courtois.

pela primeira vez publicamente na capital num espelho d'água no Paseo Intendente Alvear (Berjman, 1998, pp. 79, 84-85).

Fazendo um retrospecto crítico do papel exercido por Courtois, Berjman ressalta que, "apesar das ações executadas antes do governo de Alvear, não há dúvida de que a fratura real entre a praça de tradição hispano-americana e a instalação do jardim público francês se deu com a tarefa realizada por Eugène Courtois" (Berjman, 2001a, s/p.).

Além do mais, é ao paisagista que Buenos Aires deve o pioneirismo de ter sido a primeira capital sul-americana a dispor de um viveiro municipal cuja eficiência e profissionalismo são comparáveis às estruturas parisienses de fornecimento de plantas, algo que levaria mais algum tempo para acontecer em outras capitais do continente.

Charles Thays

A partir de 1891, foi a vez do paisagista Charles Thays (1849-1934) registrar uma vasta folha de serviços, não apenas como diretor de passeios de Buenos Aires, mas também com trabalhos em várias províncias argentinas e em outros países vizinhos, como veremos adiante. Sem nenhum exagero, é possível afirmar que, entre a última década do século XIX e as duas primeiras do XX, Thays foi o paisagista francês mais atuante na América do Sul, responsável por legar um conjunto de realizações estimado em duas centenas, somando obras públicas e privadas (Berjman, 2002b, p. 111).

Nascido em Paris, Jules Charles Thays foi aluno de Édouard André e, com o tempo, passou de seu colaborador a sócio, em trabalhos na Áustria, Holanda, Inglaterra e Suíça. Em 1889, foi contratado pelo prefeito Miguel Crisol para projetar e implantar um parque em Córdoba, e para lá seguiu. Pretendia demorar-se um ou dois anos na Argentina. Contudo, mudou seus planos e radicou-se em Buenos Aires, em 1891, ao vencer o concurso para a Diretoria de Passeios dessa cidade, função que desempenhou até sua aposentadoria, em 1914. Nesse meio-tempo, casou-se com a argentina Cora Venturino e constituiu uma família que teve várias gerações dedicadas ao paisagismo (Berjman, 1998, pp. 106, 141).

Além de fértil projetista, Thays foi um ativo escritor e pesquisador dos jardins e da flora, particularmente da sul-americana. Entre 1883 e 1893, foi colaborador permanente da *Revue Horticole* e do *Journal de la Société Nationale d'Horticulture de France*, dois dos mais importantes periódicos europeus sobre horticultura entre a segunda metade do século XIX e início do XX, aí publicando mais de meia centena de artigos sobre diversos assuntos (Berjman 2002a, p. 17). Também escreveu dois livros: *El jardín botánico de Buenos Aires*, de 1910, considerado posteriormente o primeiro volume sobre arte dos jardins editado na Argentina, e *Les forêts naturelles de la Republique Argentine*, de 1913, tratando da vegetação que conheceu em suas viagens pelo interior do país. Em meio a seu largo interesse e experimentação com plantas autóctones, destacaram-se duas ações: a difusão maciça das tipuanas (*Tipuana tipu* (Benth.) Kuntze) para arborização urbana, tendo sido responsável por torná-las marca registrada de Buenos Aires, e a demonstração do amplo potencial econômico da erva-mate (*Ilex paraguariensis* A. St.-Hil.) (Berjman, 1998, pp. 110-111, 133-134).

Diretor de passeios

O êxito no concurso para diretor de passeios portenhos foi a principal motivação que fez Thays trocar, definitivamente, Paris por Buenos Aires. O concurso – aberto em razão do falecimento do ex-responsável pelo serviço, o paisagista alemão Wilhem Schübeck – atraiu seis candidatos qualificados, havendo também outro francês, o paisagista Alfonso Flamant, futuro autor do parque municipal de Bahía Blanca (1906). Os participantes cumpriram duas etapas de provas, sob forma de avaliação escrita e arguição oral. Thays destacou-se em ambas e, por votação unânime do júri, foi escolhido para o cargo (Berjman, 1998, pp. 118-119).

Nessa ocasião, o paisagista deu consistentes demonstrações de sua erudição e capacidade de trabalho. No esboço de sua apresentação escrita, Thays registrou conhecer profundamente todos os aspectos relacionados à cultura paisagística, fossem eles de história, estética, salubridade, horticultura, combate de pragas ou a estrutura funcional de um departamento de jardins públicos. Contudo, reservou o desfecho de sua explanação para fazer recomendações sobre melhorias e ampliação do conjunto de espaços verdes da capital, revelando que não somente constatara deficiências nos jardins existentes, como também já tinha planos para saná-las. Para os novos recintos a serem elaborados,

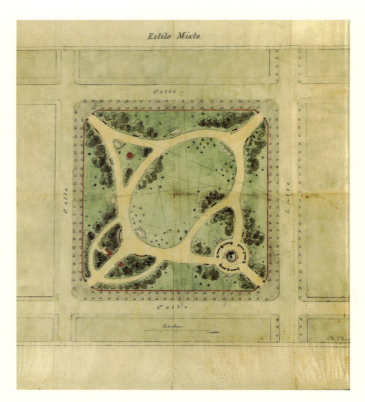

Projetos em estilo paisagista moderno e misto, elaborados por Charles Thays para o concurso de diretor de passeios de Buenos Aires, em 1891.

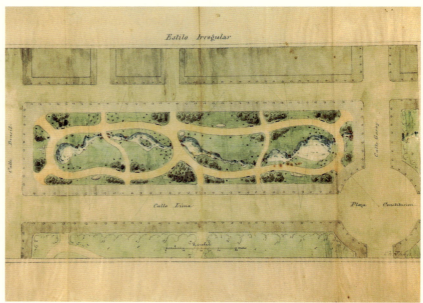

Thays defendeu a adoção do estilo paisagista moderno ou versões abrandadas dele (conhecidas por estilo misto ou compósito, que associava soluções regulares e irregulares, conforme o tratado de Édouard André). Argumentou sobre a necessidade de dilatar e especializar o viveiro municipal, diversificando a produção de espécies, aumentando a produção de flores e dedicando novas instalações ao cultivo de árvores, por certo tendo em mente a experiência parisiense conduzida por Barillet-Deschamps, que ele conhecera de perto e em detalhe. Chegou mesmo a deter-se na avaliação de quais essências exóticas eram ideais ou problemáticas para a arborização viária de Buenos Aires, listando-as em dois grupos, que tratavam, respectivamente, das espécies caducas e das perenes (Berjman, 2002a, pp. 199-221).

As árvores caducas eram indicadas para vias de menor largura, em razão de, no inverno, favorecer a insolação dos imóveis e das calçadas; em avenidas amplas, poderiam ser combinadas a espécies perenes, de modo a proporcionar situações variadas ao longo do ano. Na primeira categoria, Thays recomendava o uso de plátano (*Platanus orientalis* L.), ácer (*Rulac negundo* (L.) Hitchc.), álamo-prateado (*Populus alba* L.), cinamomo (*Melia azedarach* L.), olmo (*Ulmus campestris* var. *latifolia* (Mill.) Aiton), freixo (*Fraxinus excelsior* L.), tília-prateada (*Tilia argentea* Desf. ex DC.), nogueira (*Juglans regia* L.) e amieiro (*Alnus cordifolia* Ten.). E fazia restrições ao emprego da amoreira-branca (*Morus alba* L.), do álamo-americano (*Populus canadensis* Moench), do salgueiro (*Salix babylonica* L.), da castanheira-da-índia (*Aesculus hippocastanum* L.), além do sicômoro (*Acer pseudoplatanus* L.), da tília-de-folhas-largas (*Tilia platyphyllos* Scop.), da árvore-dos-pagodes (*Styphnolobium japonicum* (L.) Schott) e do espinheiro-da-virgínia (*Caesalpiniodes triacanthum* (L.) Kuntze). No segundo elenco, o paisagista dava seu aval para espécies de ligustro (*Ligustridium japonicum* (Thunb.) Spach), de grevilha (*Grevillea robusta* A. Cunn. ex R. Br.) e de magnólia (*Magnolia grandiflora* L.), e apontava limitações ou impedimentos ao plantio de espécies de eucaliptos (*Eucalyptus maidenii* subsp. *globulus* (Labill.) J.B.Kirkp., *E. gigantea* Desf.) e casuarinas (*Casuarina equisetifolia* L.), afora a aroeira-salso (*Schinus molle* L.) (Berjman, 2002a, pp. 211-214).

Ao listar e comentar esse elenco vegetal, Thays reforçava mais uma vez que estava a par de exemplos de *arbres d'alignement* utilizados nas vias da Paris de Haussmann. Entretanto, o avançar de seu conhecimento sobre a flora argentina e sul-americana não ficou restrito aos moldes franceses. Pelo contrário, tratou de estudar outras possibilidades para estender o repertório vegetal adequado à arborização viária, incluindo espécies autóctones até então desconhecidas, ou pouco valorizadas para tal fim, nos centros urbanos argentinos. Foi o caso das tipuanas (*Tipuana tipu* (Benth.) Kuntze) e dos jacarandás-mimosos (*Jacaranda mimosifolia* D. Don) que, a partir de seu trabalho, multiplicaram-se em diversas vias bonaerenses e constituíram alternativas regionais de arborização pública que avançaram rapidamente além das fronteiras argentinas, influenciando diversas cidades nas regiões sul e sudeste do Brasil, como se vê mais à frente.

Metas ambiciosas

Em seu primeiro relatório de atividades, tratando do período de 1891 a 1892, Charles Thays expôs metas para a consolidação de um sistema verde capaz de atender aos quadrantes da capital bonaerense, seguindo a mesma lógica parisiense de hierarquização e pulverização estratégica de espaços ajardinados de norte a sul da cidade. Somando o conjunto preexistente aos sete jardins em andamento e aos nove em projeto, o paisagista tencionava elevar para mais de 700 ha as extensões verdes da capital. Para dar a dimensão do que isso significava, Thays lançou mão de uma comparação com Paris (Berjman, 1998, p. 127).

O paisagista informava que as principais estruturas do sistema verde parisiense eram parques de maior extensão, localizados nos pontos cardeais da trama urbana, assim distribuídos para permitir que todas as regiões se beneficiassem da purificação do ar. A oeste, havia o Bois de Boulogne (847 ha); o parque Buttes-Chaumont (23 ha), ao norte; o Bois de Vincennes (921 ha), ao leste; e o parque Montsouris (16 ha), ao sul. Se seu plano fosse aceito, Buenos Aires teria, além do antigo parque 3 de Febrero (408 ha), ao norte, os novos parques Convalescencia e Rivadavia (42 ha), ao sul; e o também novo parque La Chacarita (150 ha), a oeste. Prosseguindo o raciocínio, Thays afirmava que a capital francesa oferecia 1.912 ha de espaços verdes para 2,425 milhões de habitantes, o que resultava num índice de 7,83 m^2 de jardins por morador. Para Buenos Aires, era sua meta, com os novos parques e demais praças descritas, chegar aos 779 ha de verde, que atenderiam à população de 550 mil indivíduos, alcançando-se assim uma taxa de

14,17 m^2 de verde por morador. Almejava, assim, atingir o dobro da relação parisiense de área verde por habitante (Berjman, 1998, p. 127).

É possível que a exposição desses índices tenha sido a pedra de toque que selou a aprovação, pelas autoridades municipais, das intenções de Thays, num momento de crescente interesse e apoio à multiplicação de jardins públicos como meio de alcançar prestígio e reconhecimento para o Estado. Ou quem sabe se a apresentação desses dados não serviu para tocar num ponto fraco dos dirigentes locais, atiçando-lhes a vaidade, com a perspectiva de não apenas ombrear com os feitos paisagísticos de Paris, mas de suplantá-los. Seja lá como tenha sido, o fato é que a estratégia deu certo, e, nos tempos que se seguiram, Thays conseguiu realizar bem mais do que propunha seu informe inicial de trabalho.

Folha de serviços

Entre 1891 e 1895, entre projetos novos e remodelações de antigos espaços, o paisagista empreendeu 22 jardins públicos, que fizeram elevar para 49 o número total de recintos ajardinados na cidade, colocando, assim, Buenos Aires numa posição de vanguarda em termos de política de áreas verdes na América do Sul da virada do século XIX. Mas o paisagista não se conteve nessa marca e, até sua aposentadoria do Departamento de Jardins Públicos em 1914, prosseguiu num ritmo intenso de trabalho.

Nesse ano, a folha de serviços de Thays já era consideravelmente mais extensa do que a de todos seus antecessores à frente da Diretoria de Passeios. Ele implantou o jardim botânico, cujas instalações se tornaram modelo no contexto sul-americano, e fez os parques Bernardino Rivadavia (atual Florentino Ameghino), Barrancas de Belgrano, Los Andes, Los Patrícios, Chacabuco, Centenario, e Colón articulado aos Paseos Colón e de Julio (atual Leandro N. Alem). Reformou os parques 3 de Febrero, Intendente Alvear, Lezama e Avellaneda, afora intervenções no jardim zoológico. Empreendeu as praças Rodríguez Peña, Solís, Castelli, del Congreso, Almirante Brown, Francia, Balcarce, Britannia e a Bajada de Maipú. Remodelou as praças San Martín, Constitución, Virrey Vértiz, Noruega, de Mayo, España, General Pueyrredon, Las Heras, Esteban Echeverría, General Güemes, General Belgrano, General Zapiola, San Antonio (atual

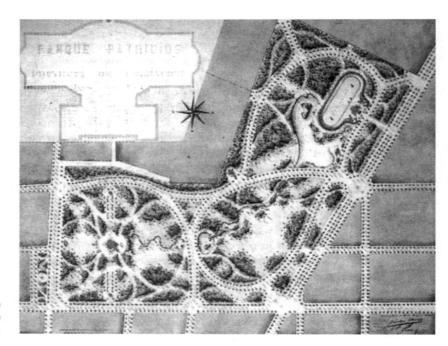

Parque de los Patricios e parque Lezama, de Charles Thays.

Parque Colón, em aquarela de Charles Thays e postal.

Díaz Vélez), Lavalle, 11 de Setiembre, 24 de Setiembre, Itália. Promoveu também diversos programas de arborização, acrescentando novos *boulevards* à capital portenha, como a avenida Figueroa Alcorta, tendo realizado, ainda, pequenas praças, urbanizações e jardins para hospitais (Berjman, 1998, pp. 129-162, 172-173; 2009, pp. 75-77, 92-96, 104-109, 114-115).

Sintaxes plásticas

De modo geral, às propostas em terrenos de maior extensão, Thays preferiu aplicar criativamente a sintaxe do jardim paisagista moderno, tendo presente as lições de Paris e o aprendizado direto com Édouard André. Assim criou novos parques, como Los Patricios e Chacabuco, e reformou passeios tradicionais, caso do parque 3 de Febrero. Contudo, uma porção considerável das praças que o paisagista desenhou (Plaza del Congreso) ou redesenhou (Plaza de Mayo) em Buenos Aires foi marcada por um encaminhamento plástico distinto, em que Thays optou por revisitar soluções plásticas do jardim clássico francês, enfatizando a simplificação dos motivos dos *parterres*, pisos e elementos em topiaria, e partilhando da vertente de retorno à tradição paisagística francesa dos séculos XVII e XVIII, encabeçada por Henri Duchêne (1841-1902) e Achille Duchêne (1866-1947).

Essa pesquisa formal, dupla e simultânea, ajustada às superfícies disponíveis, informava os demais capítulos da obra de Thays. Em paralelo à atuação na Diretoria de Passeios de Buenos Aires, o paisagista criou diversos jardins residenciais e obras para municipalidades no interior do país, caso dos parques del Oeste, em Mendoza; 20 de Febrero, em Salta; del Centenario (Avellaneda), em Tucumán; e do Paseo General Paz e Boulevard Marinho, ambos em Mar del Plata (Berjman, 1998, pp. 144-147, 172).

Plaza de Mayo e Plaza del Congreso, de Charles Thays.

Joseph Bouvard

A disposição de empreender melhorias urbanas em Buenos Aires, a partir da contratação de mão de obra especializada francesa, recebeu novo estímulo na gestão de Carlos de Alvear, em 1907. Filho de Torcuato de Alvear, primeiro-intendente e artífice do surto inicial de afrancesamento da imagem da cidade, Carlos buscou não somente espelhar-se, mas ir além das metas da gestão paterna. No primeiro ano de seu mandato, pôs em prática uma ideia ousada que seu pai não se arriscara a fazer: contratou um técnico dos altos escalões da administração da capital francesa para opinar sobre o presente e o futuro de Buenos Aires. Esse profissional foi o arquiteto Joseph Antoine Bouvard (1840-1920).

Na ocasião, Bouvard já era uma autoridade reconhecida dentro e fora dos quadros da gestão parisiense, tendo mais de quatro décadas de prática profissional. Nascido em Saint-Jean-de-Bournay, na região do Rhône-Alpes, estudou e fez carreira em Paris, inicialmente auxiliando seu professor Simon-Claude Constant-Dufeux (1801-1870), autor do Panteão de Paris, do Château de Vincennes e do Palácio de Luxemburgo. Entre 1863 e 1867, Bouvard trabalhou com esse arquiteto na construção da nova fachada da igreja de Saint-Laurent. Após a guerra de 1870, ingressou no serviço técnico da prefeitura parisiense, aí realizando mais de 50 escolas, em vários bairros da capital, além de restaurar o Museu Carnavalet, colaborar nas exposições universais de 1878, 1889 e 1900, e participar da organização da representação francesa nas feiras de Bruxelas, Amsterdã, Chicago, Saint Louis e Melbourne, entre outras. Em 1892, sucedeu Alphand no cargo de comissário-geral de festas governamentais. Em 1897, assumiu a direção dos Serviços de Arquitetura, Passeios, Viação e Plano de Paris, cargo em que se aposentou, conforme informações veiculadas em jornais de Buenos Aires e São Paulo, por ocasião de seu falecimento, em novembro de 1920 (Berjman, 1998, pp. 175-176; Segawa, 2000, pp. 65-68).

Em abril de 1907, Bouvard chegou à capital argentina, sendo recebido com toda cerimônia pelas autoridades locais, além de ampla cobertura da imprensa bonaerense. No entanto, a respeito de sua visita, nem tudo era clima de festa e unanimidade. Logo que correu a notícia sobre os polpudos honorários que lhe seriam pagos – algo em torno de 40 vezes mais do que os proventos mensais dos altos funcionários do município –, acenderam-se os ânimos no meio técnico portenho. Para contornar o mal-estar que se formou, Alvear viu-se compelido a instaurar uma comissão de notáveis locais para acompanhar e discutir as propostas do arquiteto francês. Instituído em julho de 1907, esse grupo era integrado por Román Bravo, pelos engenheiros Fernando Pérez e Atanasio Iturbe, pelos médicos Francisco Beazley e Carlos María Morales, e pelo paisagista Charles Thays, além do próprio Bouvard. Pelo jeito, as interferências dessa comissão não foram insignificantes nem pontuais, determinando que, para concluir o trabalho, Bouvard levasse mais tempo do que inicialmente poderia imaginar. Mais de dois anos se passaram até que, durante a segunda visita do arquiteto a Buenos Aires, em setembro de 1909, o projeto foi concluído e apresentado (Berjman, 1998, pp. 177-178).

Em linhas gerais, o plano concentrava-se em dois aspectos: melhorar a circulação e ampliar a reserva verde da cidade. Para o sistema viário, lançava intervenções radicais, sob forma de 32 novas avenidas que, na maioria, cortavam em diagonal a tradicional malha ortogonal da urbe, dilatando não somente a capacidade viária, mas, simultaneamente, relacionando praças existentes. Para o sistema verde, contabilizava o acréscimo de 20 áreas ajardinadas, resultantes principalmente da ampliação de espaços existentes e da formação de bolsões verdes nas vias a serem abertas e nos *ronds-points*, dispostos nas intersecções dessas novas artérias. Em geral, à medida que se distanciavam do centro histórico, as intervenções cresciam em dimensão, oferecendo, ao norte, espaços com proporções medianas; e maiores, ao sul. De todos elas, apenas um terço vingou de forma completa ou parcial em anos posteriores, sem a participação direta de Bouvard. Foi o caso da ampliação dos parques La Tablada (atual Almirante Brown) e 3 de Febrero, das praças Balcarce e San Martín (Berjman, 1998, pp. 178-189).

De Buenos Aires a Rosário

O conjunto do plano de Bouvard representou uma operação por demais custosa. E isso, por certo, acabou sendo um entrave decisivo para que, mesmo a longo prazo, não fosse materializado na íntegra. No final, teve o mesmo destino de projetos que anteriormente haviam pensado a cidade de modo até menos drástico, como o plano de

André – foi esquecido numa gaveta qualquer da burocracia municipal. Além desse plano, o arquiteto francês dedicou-se a projetos localizados, como as praças del Congreso (1907) e de Mayo (1910), que não se concretizaram. Foi-lhe igualmente encomendado um plano para a Exposição Nacional, em 1910, que celebraria o centenário da Revolução de Maio. Contudo, também esse não foi adiante (Berjman, 1998, pp. 197-203).

Em sua segunda visita, Bouvard aceitou o convite do prefeito de Rosário para conhecer a localidade. O contato resultou em sua contratação para a feitura das praças San Luis e Belgrano e da avenida Juramento, em 1910, e culminou no desenvolvimento de um plano de melhorias para Rosário, apresentado em 1911, cujo conteúdo era similar ao de Buenos Aires. Mas todos ficaram no papel (Berjman, 1998, pp. 204-205).

Uruguai

Também no Uruguai se fez sentir, em meados do século XIX, a onda de contratar horticultores e paisagistas franceses para auxiliar na atualização do gosto e no reformismo urbano, num momento em que a prosperidade da economia nacional confundia-se com o afrancesamento dos costumes dos estratos mais favorecidos da sociedade local. De modo semelhante ao ocorrido nos países vizinhos, essa nação atraiu progressivamente a vinda de um elenco de paisagistas e horticultores franceses disposto a trabalhar em seus principais centros urbanos, em propostas com os mais variados objetivos e escalas.

Pedro Margat

Um dos iniciantes da transumância de técnicos franceses em horticultura e paisagismo pelas terras uruguaias foi Pedro Antonio Margat (1806-1890). Nascido em Versalhes, em uma família de horticultores, aos 32 anos o jovem Margat seguiu para a América do Sul, traçando planos de conhecer as formações naturais do continente e lograr trabalho em alguma das escalas de sua viagem. Em maio de 1838, zarpou do Havre, munido de um roteiro que incluía visitar o Rio de Janeiro, Montevidéu, Santiago do Chile e Valparaíso, e cartas de recomendação de J. Feuillet aos cônsules franceses das duas últimas cidades. No entanto, ao chegar à capital uruguaia, decidiu ali se fixar, talvez exausto pelos quatro meses de viagem, mas certamente animado com as promissoras perspectivas de trabalho que encontrou na cidade. Em agosto de 1838, tão logo desembarcou em Montevidéu, pôs-se a vender as caixas de plantas que trouxera em meio à sua bagagem e conseguiu empregar-se na manutenção de uma chácara nas cercanias da cidade, com direito a cultivar e comercializar suas próprias mudas. Em carta a seus pais, informava o sucesso da venda em sua chegada, apesar do estado combalido que os espécimes apresentavam. Falava também de seu espanto diante da ânsia com que as plantas foram arrematadas pelos habitantes: "creio que existam poucos países onde as pessoas sejam tão aficionadas por flores e sobretudo por camélias". Aproveitava a correspondência para solicitar, ainda, o envio de mais exemplares (Margat, 1977).

Em 1839, ele já estava à frente de sua própria estação hortícola, localizada em Cordón. Quatro anos depois, quando a região virou campo de batalha de revolucionários (governo da Defesa) e federalistas (governo do Cerrito), Margat transferiu seu estabelecimento para o Camino Burgues, na zona oeste de Montevidéu, em El Reducto, onde permaneceu ativo por mais de quatro décadas, até o seu falecimento, em 1890. O retorno da paz – sem vencidos nem vencedores –, em 1851, possibilitou a Margat empenhar-se na expansão de suas atividades, alcançando, no período que se seguiu, uma posição destacada na cultura e no fornecimento de plantas ornamentais na capital uruguaia, e tornando-se responsável pelo abastecimento de parcela importante dos jardins residenciais da classe alta, situados em Paso Molino, Prado, Atahualpa, Colón e Sayago, como também pela provisão de mudas para iniciativas de ajardinamento público, caso da praça Constitución, que foi o primeiro recinto arborizado por Margat na cidade (Margat, 1977; Montañez, 2001, p. 193).

Em meio à sua clientela seleta, Margat estreitou relações de amizade com o general Manuel Ceferino Oribe y Viana (1792-1857), que foi o segundo presidente da república uruguaia (1835-1838). Para o general – um apaixonado por plantas e jardins –, desenhou um parque residencial onde aplicava os princípios da sintaxe paisagista e, ao longo dos anos, encarregou-se de sua manutenção regular. Nesse convívio mais próximo entre o presidente e o horticultor, as trocas de informações e de plantas foram

Plaza de la Constitución, primeiro espaço arborizado, em Montevidéu, por Margat.

intensificando-se. Certa ocasião, Oribe convidou-o para ver exemplares de maracujá (possivelmente *Passiflora alata* Curtis ou *P. edulis* Sims), que recebera do Brasil, e, em outro momento, também trazidas daí, deu-lhe um lote de sementes (Margat, 1977).

Entretanto, os mecanismos de acesso à vegetação de que Margat dispunha estavam longe de restringir-se somente àqueles proporcionados pela amizade com o general. O horticultor servia-se de uma rede de contatos internos e externos para receber e enviar sementes e mudas, que incluía, por exemplo, o viveiro de seu pai, em Versalhes; o Jardim Botânico do Rio de Janeiro; comerciantes em Buenos Aires; e também o agente do governo do Cerrito, em Rio Grande (RS). Formou, desse modo, uma coleção variada, com espécies herbáceas, arbustivas e arbóreas que, posteriormente, a partir de Montevidéu, tratou de multiplicar e difundir pelo território uruguaio, como foi o caso das araucárias (*Araucaria angustifolia* (Bertol.) Kuntze), das magnólias (*Magnolia grandiflora* L.) e das camélias (*Camellia japonica* L.) (Margat, 1977).

Irmãos Racine e Gauthier

Charles Racine (1859-1935), Louis-Ernest Racine (1861-1902) e Édouard Gauthier (1855-1929) foram representantes destacados do segundo momento da imigração culta de profissionais franceses para terras uruguaias, entre o último quartel do século XIX e o início do XX. Uma característica peculiar unia esses três personagens e os demais integrantes da segunda etapa de imigrantes qualificados – a formação em escola especializada –, possivelmente apontando para uma tendência de decréscimo e substituição do autodidatismo que marcou as primeiras levas de técnicos.

Gauthier, Charles e Louis-Ernest Racine estudaram na École Nationale d'Horticulture de Versailles, ingressando, respectivamente, em 1874 (primeira turma), 1877 e 1880 (Durnerin, 2001b, pp. 304, 306-307). Futura referência na área, essa instituição principiou sua atividade em 1874, destinando-se à formação de arquitetos-paisagistas, jardineiros e horticultores. O curso de arquitetura de jardins e de estufas abrangia três anos de duração e, entre 1892 e 1901, esteve sob a responsabilidade de Édouard André (Durnerin, 2001a, pp. 291-292; 2002, pp. 94-95). Sendo alunos em Versalhes,

DIEPPE. — Vue Générale prise de la Tour de l'Église Saint-Jacques   Collections ND Phot

Vista de Dieppe, cidade natal dos imãos Charles e Louis--Ernest Racine.

Gauthier e os irmãos Racine provavelmente conheciam o viveiro que o pai de Margat tinha na cidade e talvez tivessem recebido dele algum estímulo ou informação que, futuramente, os ajudaria na transferência para Montevidéu. Seja como for, o fato é que, no decorrer de mais de setenta anos, a capital do Uruguai beneficiou-se com a atividade intercalada de um quarteto profissional ligado a Versalhes.

Do mesmo modo que Pedro Margat, os irmãos Racine também procediam de uma família de horticultores, embora de outra localidade – a cidade portuária de Dieppe, na Alta Normandia. O pai deles era um viveirista especializado no cultivo de rosas e possuía mais de quinhentas variedades em seu centro hortícola que, desde sua

86 / Movimento de paisagistas franceses

formatura em Versalhes até as vésperas de sua partida para o Uruguai, esteve sob a direção de Louis-Ernest. Em 1890, em paralelo ao trabalho na propriedade da família, Louis-Ernest auxiliava a Sociedade de Horticultura de Dieppe na função de secretário. A partida rumo à América do Sul deu-se em razão da proposta de comandar o Departamento de Passeios da capital uruguaia, em 1889 ou 1890. Nessa função, ele permaneceu até seu falecimento, em 1903, e, como duas de suas principais realizações dessa derradeira fase de sua carreira, legou a reforma do parque do Miguelete (atual Prado) e a praça Cipriano-Miró (Berjman, 2002b, pp. 112-113; Durnerin, 2001b, p. 307).

Um pouco mais velho, e de temperamento provavelmente mais inquieto que o de seu irmão, Charles antes se aventurou pela América do Sul, dedicando-se primeiro à cultura de alimentos e, depois, aos jardins públicos e particulares. Em 1887, chegou ao Panamá e esteve à frente da produção de legumes para suprir a companhia construtora do canal transoceânico. Pouco depois, acumulava, nesse mesmo país, também a função de professor em escolas práticas de agricultura. A vinda de Charles a Montevidéu, onde vai realizar a porção central de sua obra sul-americana, deu-se talvez a partir de alguma oferta profissional intermediada por Louis-Ernest, possivelmente relacionada às perspectivas de implementação do plano paisagístico para a capital (elaborado por Édouard André, em 1891). Nessa cidade, Charles fundou e dirigiu o jardim botânico municipal; e esteve à frente do serviço de passeios, quando executou duas de suas obras-chave do período: o roseiral e o parque Roosevelt. Além dessas, colaborou na realização do Arboretum, de Punta del Este, que se tornou um centro avançado de experimentação vegetal no Uruguai daquela época (Berjman, 1998, pp. 166-167; 2002, pp. 112-113; Durnerin, 2001b, p. 307).

Já Édouard Gauthier – sendo, como os irmãos Racine, mais ligado à prática hortícola do que à atividade projetual – dedicou a primeira década e meia de sua carreira na França à manutenção do parque de Versalhes e do Trianon, passando, em 1894, a jardineiro-chefe deste. De 1898 a 1904, trabalhou como jardineiro-chefe do parque Nacional de Fontainebleau. Munido dessas credenciais, emigrou para Montevidéu, em 1904, dando início à etapa sul-americana de seu percurso profissional. Nesse ano, assumiu a reforma do parque do Miguelete, então um dos principais espaços verdes da capital uruguaia. Permaneceu nessa função até 1908, quando passou a dedicar-se a seu

Parque Miguelete (Prado), remodelado, em períodos diferentes, por Louis-Ernest Racine e Édouard Gauthier, e Rosaleda, projetada neste mesmo parque por Charles Racine.

estabelecimento de horticultura. Ao longo de onze anos consecutivos, de 1912 a 1923, foi professor no Instituto Agronômico de Montevidéu, desligando-se dele apenas no momento de sua aposentadoria (Durnerin 2001b, p. 304).

Édouard André

Vinte e um anos após o malogrado plano bonaerense, houve uma nova oportunidade para que Édouard André voltasse a fazer projetos na América do Sul, desta vez em Montevidéu. Em 1889, Forteza, ministro uruguaio em Paris, iniciou tratativas diretas com André para o desenvolvimento de um plano paisagístico para Montevidéu (Montañez, 2001, p. 189). No ano seguinte, André chegava à capital uruguaia, empreendendo sua primeira visita à faixa austral do continente. A América do Sul não era inteiramente desconhecida para ele. Entre 1875 e 1876, o paisagista já havia pisado em território sul-americano, percorrendo regiões do Equador, da Colômbia e da Venezuela, ao conduzir uma expedição de estudos e coleta de vegetação, financiada pelo governo francês (Denis, 2001, pp. 105-120).

Em outubro de 1890, André expôs suas primeiras ideias numa conferência em Montevidéu, e retornou em seguida a Paris. Quatro meses depois, o plano estava concluído e seguia para a municipalidade. Por que justamente Édouard André foi incumbido desse trabalho? Por que não se recorreu aos técnicos franceses que já habitavam e prestavam serviços na capital uruguaia, inclusive para a prefeitura, como Louis-Ernest Racine? É difícil esclarecer essas questões sem ter mais informações. Nessa situação, é possível apenas especular. Talvez as credenciais de André suplantassem as de seus pares em Montevidéu num ponto fundamental – maior capacidade de operar a dimensão urbana. Sem ela, seria impraticável estudar e lançar uma série íntegra de decisões para o conjunto da cidade. E isso, parece, estava além do que poderia oferecer boa parcela dos técnicos franceses na capital uruguaia, mais afeitos à lida com a vegetação do que ao lápis e à prancheta.

Metamorfose drástica

"O projeto de transformação e embelezamento da cidade de Montevidéu" – denominação dada por André – era, no contexto uruguaio, uma proposta ousada e inovadora. Nenhuma outra intervenção anterior havia planejado tão drástica metamorfose para a cidade, servindo-se, em tão ampla medida, da aplicação de princípios e conceitos avançados que haviam formado a base da reforma de Paris. O plano lançava um conjunto articulado e heterogêneo de espaços verdes que relacionava recintos ajardinados, antigos e novos, mediante a arborização de vias existentes e a abertura de *boulevards* perimetrais e internos na trama urbana – o que asseguraria, simultaneamente com o desenvolvimento urbano, a eficiência da circulação e a qualidade ambiental. Todos os quadrantes da cidade seriam beneficiados com a implementação equitativa de parques, afora a disposição de praças e jardins menores em vários pontos da cidade (Berjman, 1998, pp. 45-65; Montañez, 2001, pp. 192-200).

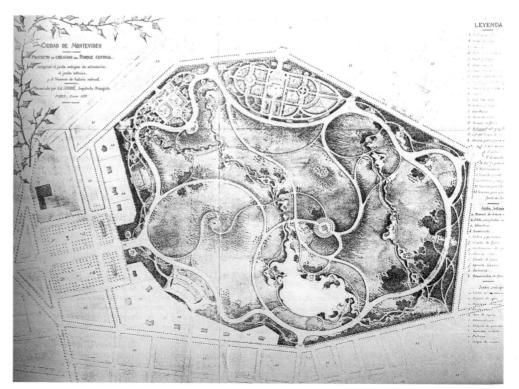

Parque Central, de Édouard André.

André pretendia operar uma radical dilatação e transformação da superfície verde da capital. Além da reforma e expansão do antigo parque de Miguelete, que atingiria 75 ha, ele tencionava formar mais três parques. O principal deles seria o Central, traçado como um "Bois de Boulogne" que, em meio a 75 ha, teria jardim zoológico, jardim botânico, jardim de aclimatação e museu de história natural. Os demais seriam os del Cerrito e del Sud, com 16 ha. Para os de Miguelete, Central e del Sud, o paisagista elaborou desenhos detalhados que seguiam passo a passo o léxico do jardim paisagista moderno, primando pela elaboração de uma rede caprichosa de passeios curvilíneos, entremeada de lagos, arroios, gramados, conjuntos vegetais e marcos escultóricos (Berjman, 1998, pp. 54-60).

O princípio de rever o existente e agregar novas estruturas também informava as decisões sobre as praças. As cinco principais, e antigas – Constitución, Independencia, Artola, Sarandí e Flores –, deveriam passar por completa remodelação, sendo as três primeiras modificadas segundo padrões adotados nos jardins clássicos franceses, e as últimas, com soluções paisagísticas. Por outro lado, programava-se abrir quatro praças: República, Palmira, Reducto e Aguada, ainda sem os correspondentes projetos (Berjman, 1998, pp. 51-54; Montañez, 2001, pp. 192-196).

No entanto, sem a provisão de conexões físicas – sob forma de vias arborizadas dispersas pela trama urbana –, esse conjunto de jardins públicos não chegaria a ser um sistema coerente e eficaz. Nesse sentido, André salientava que

> a rede de vias-mãe que, a meu ver, deve dominar todos os outros trabalhos de transformação de Montevidéu, formaria uma série de comunicações arborizadas, ligadas com praças e com *squares* em todas suas intersecções principais. A cidade encontraria assim as novas condições de higiene, facilidade de acessos e embelezamentos que satisfariam todas as exigências (*apud* Berjman 1998, p. 62).

O paisagista previa a abertura de 14,75 km de novas vias, com 20 m de largura; e de 28,75 km de *boulevards*, com 30 m de largura; e recomendava que houvesse, em todos os casos, plantios uniformes da mesma espécie arbórea; e os plátanos (*Platanus orientalis* L.) fossem reservados para as avenidas amplas. O principal *boulevard* surgiria como um belo passeio próximo à orla do rio da Prata, que avançaria do Cerro ao

Plaza Zabala e Plaza Libertad (também chamada Plaza Cagancha), de Édouard André, na Montevidéu do final do século XIX e início do XX.

cemitério de Buceo, segundo a mesma ideia incluída por André no plano bonaerense. O paisagista recomendava, também, que fossem arborizadas todas as avenidas já existentes, cuja largura tivesse mais de 20 m (Berjman, 1998, pp. 60-62; Montañez, 2001, pp. 196-199).

A materialização do projeto de Édouard André representaria um feito extraordinário não apenas para a Montevidéu da virada do século, mas também em relação à maioria das grandes capitais sul-americanas da época, que ainda engatinhavam na feitura e na implementação de planos paisagísticos amplos e coesos para seus territórios. Contudo, o passo ousado revelou-se um pulo no vazio, na medida em que as autoridades não levaram adiante o conjunto da proposta. Por força de uma combinação de fatores – em que pesava a crise financeira batendo às portas do país e mesmo a ausência de um interesse concreto em realizar o trabalho – a iniciativa foi descartada das prioridades municipais. Mas dessa vez, ao menos, o desfecho da participação de André não foi semelhante ao caso bonaerense. Em meio à indefinição sobre o futuro de seu plano, o paisagista teve tempo e condições, em 1890, para empreender a praça Zabala e reformar a praça Libertad (Cagancha), que, curiosamente, não figuravam em seu projeto geral de melhorias.

Charles Thays

O início do século XX demarcou o período em que Charles Thays expandiu seu campo de atuação além das fronteiras argentinas, conquistando paulatinamente diversos encargos pela América do Sul. Em 1905, em Montevidéu, ele fez projetos para as praças Independencia e Libertad, que figuravam nos estudos e intervenções projetados por Édouard André entre 1890 e 1891 (Berjman, 1998, pp. 166-167). Para ambas, Thays elaborou variações simplificadas dos traçados do paisagismo clássico francês, mantendo semelhanças estruturais com as plantas em cruz adotadas por André nos desenhos das praças Independencia, Constitución e Artola. Mas ainda estavam por vir suas realizações de maior vulto para a capital uruguaia: os parques Central (atual Battle y Ordoñez) e Rodó; e o projeto elaborado para o grupo que urbanizou o balneário de Carrasco.

Plaza Independencia,
reformada por Charles Thays.

De 1908 a 1911, o paisagista dedicou-se ao parque Central, projeto que originalmente também constava em meio às prioridades de André. Para ele, Thays desenhou uma composição geral, de caráter paisagista, onde a rede de caminhos se apresentava menos prolixa e entrecruzada do que na versão anterior de seu mestre e ex-sócio de trabalho. Por outro lado, retomou alguns pontos programáticos da proposta de André, como o jardim zoológico e o de aclimatação, e detalhou melhor o papel dos *boulevards* à volta da gleba como estruturas de articulação com o tecido urbano. Ao tratar da especificação vegetal, Thays recomendou um elenco arbóreo que mesclava espécies nativas – tipuanas (*Tipuana tipu* (Benth.) Kuntze), jacarandás-mimosos (*Jacaranda mimosifolia* D. Don) e araucárias (*Araucaria angustifolia* (Bertol.) Kuntze) – às de proveniência exótica – plátanos (*Platanus orientalis* L.), eucaliptos (*Eucalyptus maidenii* subsp. *globulus* (Labill.) J.B.Kirkp. e *E. gigantea* Desf.) e palmeiras (Berjman, 1998, pp. 166-167).

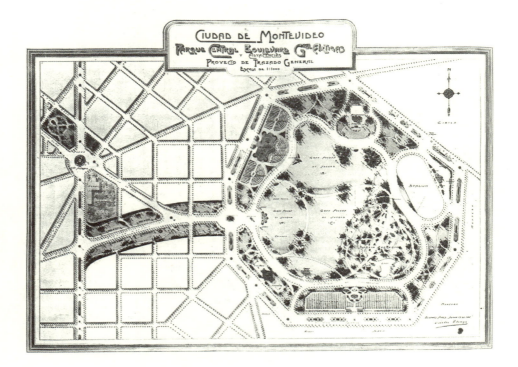

Parque Central – projeto de Charles Thays, em Montevidéu.

Parque Rodó e Balneário Carrasco – parque e urbanização de Charles Thays, em Montevidéu.

96 / Movimento de paisagistas franceses

Já as origens do parque Rodó remontam a 1898, ano em que o paisagista Charles Racine iniciou sua arborização. Mas a ampliação e a remodelação completa do local só decolaram em 1911, quando a prefeitura atribuiu essa incumbência a Charles Thays. Entregue em 1912, o projeto dava sequência às experiências do paisagista com o léxico do jardim paisagista moderno, ampliando, particularmente, a presença de uma série de equipamentos para lazer ativo, como quadras para tênis, futebol e críquete, traduzindo assim algumas mudanças em curso nas formas de apropriação e uso dos espaços verdes públicos. Obra de maiores proporções, igualmente datada de 1912, o bairro-jardim projetado para a sociedade que urbanizou o balneário de Carrasco foi uma solução congênere à do Palermo Chico (Bairro Parque), também um bairro-jardim que, na mesma época, Thays desenvolvia para Buenos Aires (Berjman, 1998, p. 167).

Chile

Integrando o elenco das economias emergentes que afloraram na América do Sul oitocentista, o Chile foi mais uma jovem nação do continente a participar do movimento de atração de horticultores e paisagistas franceses. Seguindo os passos da vizinha Argentina e do Uruguai, o país tratou de importar esses técnicos, contratando-os para estadas, pontuais ou permanentes, que visavam a ações modernizadoras em suas cidades principais. A capital Santiago foi palco de atuação para dois destacados franceses: Georges Dubois e Charles Thays.

Dubois e Thays

Egresso da École Nationale d'Horticulture de Versailles, provavelmente em 1890, Georges Dubois foi mais um exemplo dos formandos desse centro que optaram por radicar-se em território sul-americano. Em seu caso, fixou-se em Santiago, onde galgou a direção do Departamento de Parques e Jardins Municipais. Foi também professor de arquitetura de jardins no instituto agrícola da cidade e autor do parque Florestal, datado do início do século XX, e dos jardins dos palácios do Congresso e da Presidência da República, entre outras obras relevantes (Durnerin, 2001b, p. 308; Berjman, 1998, p. 171).

Saindo de Buenos Aires, onde continuava residindo, Charles Thays – já na etapa conclusiva de sua trajetória profissional – fez uma incursão de trabalho à capital chilena. Embora aposentado do serviço de parques bonaerense havia seis anos, Thays mantinha ativa sua produção de projetos, aceitando encomendas estatais e particulares, tanto em seu país de adoção como nas demais nações vizinhas. Em 1920, executou dois projetos para sítios tradicionais da paisagem santiaguina: os parques Cerro San Cristóbal e Florestal. O projeto de San Cristóbal empregava elementos sintáticos do jardim paisagista para conciliar uma ampla série de equipamentos recreativos e esportivos modernos às antigas funções religiosas do local, onde se erguia o santuário da Imaculada Conceição. Já a reforma do parque Florestal tinha por objetivo reavivar uma das principais áreas verdes existentes no coração da cidade.

Jardins do Congresso, em Santiago do Chile, obra de Georges Dubois.

Franceses no Brasil

"Wetherell observou na Bahia, onde residiu durante a primeira metade do século XIX, que na velha cidade tornara-se moda o jardim em torno às casas. Onde, outrora, só se viam poucas plantas, alguns abacaxis, algumas roseiras, começaram a surgir jardins afrancesados. Da França haviam chegado jardineiros com plantas europeias e exóticas, principalmente roseiras."

GILBERTO FREYRE, 1936.

O germe da atividade paisagística francesa no Brasil remonta ao fim do século XVIII, período em que autoridades portuguesas buscaram incrementar sua participação na corrida internacional por novas fontes de riqueza vegetal, fomentando uma estratégica política de implementação de jardins botânicos em vários pontos de sua colônia sul-americana. Para dirigir alguns desses jardins, ou neles trabalhar, contrataram técnicos nascidos em domínios franceses ou deles provenientes. De Caiena, na Guiana Francesa, em 1795, para implantar o Jardim Botânico de Belém, veio Michel de Grenouillier (1759?-1798), mas seu falecimento, três anos depois, motivou a indicação, para dar seguimento aos trabalhos, do parisiense Jacques Sahut (?-1799), também deslocado de Caiena.

Étienne-Paul Germain foi mais um profissional caienense trazido ao Brasil, desta vez com a incumbência de montar o Jardim Botânico de Olinda. Era ex-funcionário do principal centro francês de experimentação botânica no Caribe – o Habitation Royale des Épiceries, mais conhecido por La Gabrielle, estabelecimento que passara às mãos lusitanas em 1809, após a tomada da Guiana Francesa em retaliação ao avanço de Napoleão Bonaparte sobre Portugal. Daí portando diversas espécies, Germain chegou ao Recife em 1811 (Segawa, 1996, pp. 114, 127-128; Sanjad, 2003).

Mas levou bem mais tempo para que a presença de franceses dedicados aos jardins e às plantas ornamentais se dilatasse no meio brasileiro. Isso vai acontecer paulatinamente, ao longo do século XIX, sob impulso inicial da permanência da família real portuguesa no Rio de Janeiro e após o acordo de paz com a França, em 1814. Nesse ano, a coroa lusitana franqueou os portos brasileiros às embarcações francesas, do mesmo modo que o fizera com as demais nações amigas há seis anos. E ratificou, assim, a largada oficial para a circulação de produtos e cidadãos franceses em todos os quadrantes da colônia.

Também a curiosidade dos franceses deve ter-se alvoroçado com a retirada das barreiras que afastaram o Brasil dos olhos do mundo por mais de três séculos. Porém, por si só, essa medida não seria suficiente para atrair técnicos e fazê-los preterir seu país natal por uma localidade no Atlântico Sul, geográfica e culturalmente distante. Há que se considerar a existência de um conjunto mais amplo de motivações, em que pesavam, especialmente, algumas perspectivas promissoras de um nascente mercado profissional voltado aos jardins e plantas, que começava a irradiar-se desde a cidade do Rio de Janeiro.

Com a transferência da corte, em 1808, o Rio de Janeiro pouco a pouco se tornou alvo de estudos e ações governamentais com o objetivo de atualizar os modestos traços de assentamento portuário colonial da cidade, processo que angariou mais respaldo em 1815, com sua elevação a capital do Reino Unido de Portugal, Brasil e Algarves. Posto no epicentro político e financeiro do Império, o Rio de Janeiro passou a demandar mais obras e profissionais capazes de aí agir, para a renovação física e cultural de seu ambiente. Foi nesse contexto que se deu a contratação do arquiteto Auguste Henri Victor Grandjean de Montigny (1776-1850), que integrava um grupo de artistas e artesãos franceses – posteriormente conhecido como Missão Francesa – que buscou refúgio na cidade em 1816.

Montigny e Pézérat

Nascido em Paris e diplomado na École d'Architecture dessa cidade, Montigny fez carreira, dentro e fora da França, em meio aos círculos napoleônicos. Primeiro trabalhou em Paris; depois seguiu para a Vestfália, no oeste da Alemanha. Em 1807, esteve à frente das obras do parlamento em Kassel e, três anos depois, tornou-se arquiteto da corte de Jérôme Bonaparte (1784-1860), irmão mais novo de Napoleão, por ele nomeado rei da Vestfália. Contudo, não levou muito tempo para que se arrefecessem suas perspectivas de trabalho, tanto aí quanto em seu país natal, à medida que os exércitos de Napoleão colecionavam seguidas perdas, antes da capitulação final. Diante desse quadro adverso, o arquiteto decidiu seguir para o Rio de Janeiro, em 1816 (Conduru, 2003, pp. 147-158).

Desde a fase europeia de sua produção, Montigny vinha conjugando a prática arquitetônica e urbanística à atividade paisagística em intervenções com variadas escalas e complexidades. Em 1798, participou de concursos para o embelezamento dos Champs Elysées, apresentando, em um deles, projeto de uma praça monumental para festas republicanas, idealizado em parceria com Auguste Famin (1776-1859), Jean Baptiste Debret (1768-1848) e Bury. Também em Paris, estudou uma *promenade d'hiver* unindo o Louvre ao palácio das Tulherias, em 1810. Já na Vestfália, entre 1808 e 1813, idealizou palácios e pavilhões associados a jardins de traçado clássico ou paisagista, destinados ao rei Jérôme Bonaparte e sua corte.

No Rio de Janeiro, tanto no período em que esteve a serviço de D. João (1767-1826) quanto na época pós-Independência, trabalhando para D. Pedro I (1798-1834), Montigny não abandonou esse versátil trânsito pelos campos do urbanismo, da arquitetura e do paisagismo. Na década de 1820, ao receber a encomenda de um novo palácio imperial, tomou-a como ponto de partida para uma remodelação emblemática da região do Paço. Nessa proposta, imaginou posicionar, nos flancos da nova construção que ocuparia o centro do antigo largo, duas *promenades publiques*. Além disso, para estabelecer um percurso cerimonial até o edifício, compôs um *boulevard* – o primeiro idealizado para a cidade –, articulando-o a duas praças.

Proposta de Grandjean de Montigny para reforma do centro do Rio de Janeiro.

Em 1827, Montigny preparou um estudo sobre o Campo de Santana, repaginando-
-o como uma *place royale*, balizada, no ponto central, por uma estátua do imperador, além
de quatro fontes nos extremos; e, à volta de todo o conjunto, edifícios simétricos e portica-
dos (Segawa, 1996, p. 164). Em paralelo a esses projetos, insistia com os governantes sobre
a necessidade de arborizar as ruas e implementar mais praças no Rio de Janeiro (Taunay,
1983, pp. 296, 302). Mas, na época, tais ideias e propostas não vingaram.

Durante o Primeiro Reinado (1822-1831), as funções de arquiteto do rei atri-
buídas a Montigny passaram a ser divididas com Pierre Joseph Pézérat, que circuns-
tancialmente se dedicou aos jardins da nobreza no Rio de Janeiro. Formado na École
Polytechnique e École d'Architecture de Paris, Pézérat respondeu pela finalização da
reforma do Palácio de São Cristóvão, na Quinta da Boa Vista, tratando de complemen-
tá-lo, em 1828, com jardins cujo desenho se inspirava no classicismo francês (Taunay,
1983, p. 296).

Avalanche de gente e produtos

Respaldado pelo clima amistoso nas relações políticas e econômicas entre os governos
brasileiro e francês, à época do Primeiro Império e da Regência, manteve-se um quadro favorável à vinda de horticultores e paisagistas franceses. Em 1826, a assinatura de
um tratado de amizade, navegação e comércio validava o interesse das duas nações em
manter e dinamizar os fluxos de mercadorias, serviços e pessoas, embora em bases distintas daquelas firmadas em 1815. O acordo fixava que, ao entrarem no Brasil, os produtos franceses pagariam impostos de 15% sobre seu valor, desde que documentados
com certificados de origem assinados por cônsules brasileiros nos portos de embarque.
Caso não houvesse essa documentação completa, a alíquota subiria para 24%.

Mas não paravam aí as iniciativas que buscavam fomentar maior aproximação
entre o Brasil e a França. Em 1828, tendo em mente auxiliar seus patrícios, o empresário francês Edouard Gallès fez divulgar um conjunto de informações objetivas sobre o
comércio com o Brasil. Nesse ano, lançou um manual prático sobre o assunto, intitu-

lado *Du Brésil, ou observations générales sur le commerce et les douanes de ce pays, suivies d'un tarif de droits d'entrée sur les marchandises françaises et d'un tableau comparatif des monnaies, poids et mesures.* Nele fornecia, inclusive, subsídios para que o leitor soubesse bem programar sua viagem. Explicava que a época do ano mais aconselhável para singrar o Atlântico Sul era de setembro a março, com primazia para dezembro. E situava o tempo médio de viagem saindo de Bordeaux e chegando a Recife, Salvador e Rio de Janeiro, calculando que esses destinos seriam alcançados, respectivamente, em 20, 22 e 25 dias.

É difícil recuperar completamente os efeitos que essas e outras ações tiveram tanto no lado francês quanto no brasileiro. Há, porém, resultados que saltam à vista. Um deles diz respeito à proliferação de vários tipos de artigos franceses no cotidiano brasileiro, entre os quais, tecidos, chapéus, leques, perfumes, enfeites femininos, artigos de higiene, sapatos, alimentos, vinhos, roupas de mesa, cristais, porcelanas, livros, plantas e sementes. Consequência igualmente importante foi o crescimento da imigração espontânea, que atingiu cifras nada desprezíveis. Em 1830, a cidade do Rio de Janeiro já abrigava cerca de 14 mil franceses, reunindo, então, um dos maiores contingentes desses cidadãos na América do Sul (Renault, 1985, p. 130). Se fossem somados os que habitavam em outras urbes nacionais e também aqueles que estavam a trabalho, apenas de passagem, essa contagem subiria consideravelmente. Mas, independentemente de chegar-se ao número exato de franceses residentes ou em viagem pelo país, o importante é salientar que, em vários pontos do território brasileiro, estava aumentando a presença de horticultores, comerciantes de vegetação e paisagistas dessa nacionalidade. E isso era atestado pelos anúncios que eles publicavam em vários jornais, oferecendo seus préstimos.

Comerciantes de plantas

No Rio de Janeiro, o *Jornal do Comércio*, de 11 de janeiro de 1837, trazia um anúncio: "Francez chegado há pouco a esta Corte com conhecimentos de cultura se offerece para administrar qualquer chacara ou fazenda". O jardineiro Porte, membro da Sociedade

Real de Horticultura de Paris, informava "aos curiosos de flores, que ainda se demorará oito dias nesta Cidade, e que venderá o resto de suas sementes", na edição de 17 de abril de 1837, do mesmo diário. O estabelecimento de Vicent Sigaux, localizado na rua do Ouvidor, 76, oferecia "sementes de hortaliças e de flores, arvores de fructas [...] ditas de flores, adalias, assim como muitas outras plantas raras e curiosas", no número de 7 de fevereiro de 1843, do *Jornal do Comércio* (Renault, 1985, pp. 181, 225).

Primeira escala nacional das embarcações vindas da França, igualmente o Recife acusava, nas páginas de seus principais diários, a expansão da oferta de profissionais e matéria-prima para jardins. Estabelecido na rua Nova, 17, próximo à Livraria Francesa, o horticultor Ramel estampava anúncio com os seus serviços no *Diário de Pernambuco*, de 2 de fevereiro de 1839. Fazia saber que era filiado à Sociedade Real de Horticultura de Paris e chegava à cidade acompanhado de

> um sortimento de toda a qualidade de arvores, arbustos uns que só dão flores outros fructos, como rosas do Japão, camélias, magnólias, cletoras, depreas, Rhododendrum, Kalmias, jasmins, peônias [...] andromedas, arabas, e roseiras de mais de 200 variedades, cebolas e flores como jacinthos, tulipas, junquilhos, narcisos, lírios, amarílis, dálias, *ranunculus* e animonas (*apud* Freyre, 1977, pp. 137-138).

Também integrantes da Sociedade Real de Horticultura de Paris, os profissionais da Arnol Père & Fils davam a conhecer que sua loja estava recém-aberta no Aterro da Boa Vista, 6. Em anúncio no *Diário de Pernambuco*, de 6 de agosto de 1847, mencionam estar vendendo

> uma grande e bela coleção de plantas, flores e árvores de frutas [...] tudo fresco e em perfeito estado de conservação e por preços os mais cômodos possíveis. Para as conveniências dos Srs. compradores, eles se obrigam a fazer por si mesmos as plantações de todos os produtos que venderem, dando assim aos mesmos Srs. uma completa segurança sobre a germinação das sementes e reprodução das plantas (*apud* Mello, 1985, p. 222).

No ano seguinte, o horticultor lionês Rouard sucedeu, no mesmo endereço do Aterro da Boa Vista, a empresa Arnol. Seu anúncio no *Diário de Pernambuco*, de 4 de fevereiro de 1848, comunicava que ele havia "chegado ultimamente da França com um grande sortimento de árvores frutíferas, plantas de flores, sementes de ditas e hortaliças [...] como até hoje não chegou em Pernambuco, tanto pela qualidade das plantas como pela boa qualidade das sementes, das batatas e das cebolas" (*apud* Mello, 1985, p. 222).

Em 1853, o Aterro da Boa Vista prosseguia atrativo para fixação temporária ou duradoura de horticultores franceses. Com seu estabelecimento no número 45, Auguste Renoult era mais um profissional que disponibilizava uma "grande e rica coleção de árvores frutíferas, plantas raras e de gosto, arbustos de ornatos, flores de todas as espécies em grandes variedades". Seu longo anúncio, veiculado no *Diário de Pernambuco*, de 11 de fevereiro de 1853, foi possivelmente uma estratégia para enfrentar a concorrência crescente de seus pares. Nele sublinhava que

> uma experiência na América do Sul dá esperanças ao importador de que esta coleção achará imensos amadores, tendo formado nos gêneros muito pouco conhecidos neste continente, cujo belo clima é tão apropriado a todas as variedades sem distinção, e tudo lhe faz crer que os amadores reconhecerão a utilidade e se alegrarão de possuir as ricas coleções que fazem hoje a admiração de toda a Europa (*apud* Freyre, 1960, p. 604; *apud* Mello, 1985, p. 223)

Mudanças da casa à cidade

O Segundo Reinado demarcou o período central da atividade paisagística francesa no Brasil, respaldado por significativas alterações econômicas, sociais e culturais que sacudiram algumas das principais regiões do país. A reorganização da economia nacional, tendo por base a exportação de café, elevou a acumulação de capitais a patamares até então desconhecidos no país. Surgiram novas elites enriquecidas, desejosas de haurir os modelos de bem viver irradiados pelos centros europeus, especialmente a França.

Com a entrada em operação, em 1850, de uma linha regular de paquetes a vapor entre o Rio de Janeiro e o Havre, a viagem até Paris estava mais agilizada do que antes

Le Havre era um dos portos de entrada para os brasileiros endinheirados que rumavam a Paris em busca de um "banho de civilização". Na Cidade Luz, eles se familiarizavam com o gosto pelos passeios em meio ao verde.

(Renault, 1985, p. 280). Esse destino se tornava, cada vez mais, um dos favoritos de brasileiros endinheirados e desejosos de "um banho de civilização". Estadas na capital francesa incitavam a conhecer os hábitos da alta e média sociedade francesa, como o morar em meio a jardins, o caminhar por ruas arborizadas, a frequência aos parques e jardins públicos para ver e ser visto, para apanhar sol e ar puro. Circular em Paris estimulava manter-se a par de soluções paisagísticas e de repertórios vegetais que frequentavam tanto os jardins residenciais como os espaços públicos atualizados por Haussmann.

Tudo isso não demorou a repercutir no Brasil, induzindo, primeiramente, transformações nas grandes residências urbanas e, depois, no próprio espaço da cidade. As casas maiores foram progressivamente afastadas das divisas, o que possibilitava a conquista de áreas laterais e dianteiras para a formação de bem cuidados jardins, que nada lembravam o caráter espontâneo e prático dos antigos quintais, que permaneciam nos fundos. Paulatinamente, as cidades importantes trataram de arborizar algumas de suas vias e de providenciar jardins públicos, convertendo velhos largos e praças pavimentadas, e criando novos espaços. Assim, elas foram assumindo feições verdejantes, numa escala sem precedentes no período colonial, embora algumas delas já possuíssem importantes manchas verdes, formadas por quintais domésticos, jardins botânicos e passeios públicos, como no exemplo do Rio de Janeiro.

Renoult e família Arnol

A notícia do crescimento de oportunidades profissionais no Brasil circulou pela França, e mais horticultores e paisagistas motivaram-se a vir para cá. Alguns chegavam para jornadas temporárias de trabalho e, após, retornavam às suas regiões de origem. Outros escolheram mudar-se definitivamente para diversos pontos do território brasileiro, como as cidades do Rio de Janeiro, São Paulo, Recife, Salvador, Belo Horizonte, Pelotas e outros centros, onde existiam comunidades francesas que poderiam oferecer algum respaldo, no momento da chegada e na adaptação. No grupo dos nômades que ocasionalmente frequentaram o Recife, estavam Auguste Renoult e a família Arnol, que se dedicavam ao cultivo e ao comércio de vegetação ornamental, além de hortaliças e espécies frutíferas.

No *Diário de Pernambuco*, de 8 de abril de 1854, Renoult fez anunciar uma nova remessa de plantas e flores que trouxera da França, quatorze meses após a oferta de um lote inicial, quando veio provavelmente pela primeira vez para a cidade. Na edição de 19 de fevereiro de 1856, do mesmo jornal, a família Arnol também providenciou mais um informe publicitário para revenda da coleção de plantas e flores que importara de seu país natal. Neste caso, nove anos após a estada inicial na capital pernambucana (Mello, 1985, pp. 225, 228).

Mas nem tudo era seriedade e profissionalismo nesse grupo itinerante dedicado ao comércio e à divulgação de vegetação ornamental exótica em diversas localidades brasileiras. Em meio a gente bem intencionada, havia tapeadores infiltrados, que vislumbravam apenas ludibriar e ganhar dinheiro fácil, aproveitando a onda de receptividade que o trabalho dos horticultores e paisagistas franceses no Brasil usufruía. Vários alertas contra esses oportunistas ganharam as páginas da *Revista de Horticultura – Jornal de Agricultura e Horticultura Prática*, nosso primeiro mensário nacional dedicado principalmente às questões das plantas ornamentais e dos jardins, que entrou em circulação a partir de janeiro de 1876; dele falarei detidamente mais adiante.

"Charlatães da horticultura"

Na coluna que abre o número de março da *Revista de Horticultura* (1876b), Frederico Guilherme de Albuquerque, o editor, tratava de prevenir seus leitores sobre um trapaceiro francês disfarçado de comerciante de vegetação, que chegara ao Rio de Janeiro havia um mês e instalara-se na rua Gonçalves Dias, de onde passou a alardear seus serviços pelos jornais. Albuquerque visitou o negócio de P. A. Magne, que se intitulava horticultor de Paris, e constatou que as plantas anunciadas como raridades nada mais eram do que comuns. Diante disso, providenciou uma nota irônica sobre a conduta de Magne, dizendo que ele expoz á venda flores tão raras que poderião ser tomadas por imaginarias; sem fallarmos da celebre rosa azul, da extraordinaria camelia azul e da maravilhosa magnolia tambem azul, plantas que sem duvida algum[a] os nossos leitores já possue[m] a muito tempo (não digo que já lhes tenha visto as flores, isso não), pois todos os annos apparecem nas cidades da América horticultores ambulantes, que vendem essas flores tão raras que só elles sabem o nome do lugar onde se encontrão (Albuquerque, 1876b, p. 41).

Passados sete meses, no número de novembro da *Revista de Horticultura* (1876b), Albuquerque voltou ao assunto dos vigaristas no artigo "Charlatães da horticultura". No ano seguinte, a questão era abordada por um correspondente da publicação em Porto Alegre, que mandou carta tratando de mais um velhaco francês que se fazia passar por negociante de plantas. Estampada na edição de junho de 1877, sob o título "Ainda os charlatães", a missiva descrevia o golpe aplicado por Eugène Pellorce na capital da província gaúcha:

Durante alguns dias o Sr. Pellorce discorreu largamente aos fregueses que lhe apparecêrão sobre as raridades que possuia, entre as quaes se distinguião o *amaryllis Josephine* que dá oitenta flores em uma só haste, as *pellegrines tricolores*, que elle diz serem da Austrália (vistas talvez por Julio Verne nas suas assombrosas viagens). [...] Com a mesma facilidade o Sr. Pellorce, ao passo que sustentava que as alstroemerias não são flores americanas, mettia a mão em um grande caixão, e ahi, mesmo sem olhar, apanhava a primeira cebola que seus dedos encontravão e a vendia como o amaryllis [...].

Como todos os de sua familia, o Sr. Pellorce prometeu voltar no anno seguinte. É provável que isto não se realize; se porém assim acontecer, previnão-se os incautos amadores, aqui ou em qualquer outro ponto do Império, para não se deixarem illudir torpemente (Albuquerque, 1877b, pp. 102-103).

Embora esse colaborador da revista não soubesse, Pellorce era um trapaceiro que circulava no Brasil pelo menos desde 1860 e esteve quatro vezes no Recife, respectivamente nos anos de 1860, 1869, 1870 e 1873. A cada retorno, sofisticava os meios para fisgar suas vítimas, investindo especialmente em anúncios que prometiam maravilhas e enorme sortimento de espécies raras. Na propaganda veiculada no *Diário de Pernambu-*

co, de 19 de março de 1870, avisou que trazia nada menos do que "300 lotes de diversas plantas e flores novas, árvores e arbustos para ornamento de jardim" (*apud* Mello, 1985, pp. 238-239).

Charles Pinel

As levas de horticultores, paisagistas e comerciantes de plantas que vieram estabelecer-se no Brasil do Segundo Reinado incluíam um naturalista parisiense que se tornou muito ativo na província do Rio de Janeiro. Ele se chamava Charles Pinel (1802-1871). Filho mais novo de Philippe Pinel (1745-1826), médico de Napoleão e pioneiro no tratamento de doenças mentais, Charles aventurou-se em terras brasileiras, em 1834, e fixou residência na vila de Nova Friburgo (Stols, 2006, pp. 85, 92). Interessou-se por orquídeas e passou a coletá-las para comercialização, conquistando fama como negociante especializado nesse gênero. À frente dessa atividade, chegou mesmo a encontrar e divulgar várias espécies desconhecidas pela ciência, posteriormente nomeadas em sua homenagem – caso do *Oncidium pinellianum* Lindl., *Trichocentrum pinelii* Lindl., *Cattleya pinelii* Lindl. e *Miltonia pinelii* Rchb. f.

Em meio à sua clientela nacional e estrangeira, concentrada especialmente na França e na Bélgica, havia figuras proeminentes da horticultura e do colecionismo vegetal da época, entre eles o luxemburguês Jean Linden (1817-1898) e o suíço Jacques Samuel Blanchet (1807-1875). Linden detinha um dos principais estabelecimentos hortícolas da Bélgica, além de ser editor de dois mensários centrais da horticultura europeia oitocentista – *L'Illustration horticole* e *Lindenia iconographie des orchidées* (Allain, 2002, p. 2; Herdt, 1995, pp. 114-116). Já Blanchet, transferiu-se para a Bahia como representante da exportadora Gex & Decosterd Frères e dos consulados da Suíça e de Nápoles. Em paralelo a essa atividade, ocupava-se com a formação de coleções de plantas vivas para revenda no Velho Continente, abastecendo-se com as orquídeas de Charles Pinel (Hoehne, Kuhlmann & Handro, 1941, pp. 35-40).

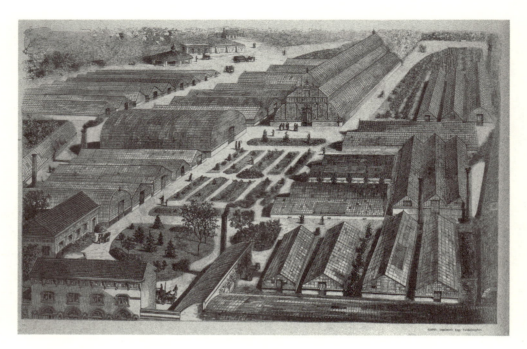

Vista geral das estufas de Jean Linden, em Gand. Charles Pinel lhe fornecia orquídeas brasileiras.

A atividade de Charles Pinel espelhou o avanço da coqueluche europeia pelas orquídeas no decorrer da segunda metade do século XIX. E deve ter contribuído para os efeitos contraditórios que logo surgiram na exploração e comercialização dessas plantas. Se, por um lado, o comerciante esteve envolvido na ação predatória de espécies importantes de orquídeas da Mata Atlântica, por outro, fez com que elas se transformassem nas primeiras plantas ornamentais a ingressarem, com alguma relevância, na balança exportadora brasileira. De todo modo, essa fonte nacional de divisas subiu tão rápido quanto desceu, sofrendo as consequências de um processo desenfreado de exploração em hábitats naturais e especulação de preços nos mercados estrangeiros. No início dos anos 1900, segundo informa o livro *Impressões do Brazil no século vinte*, editado por Reginald Lloyd, em 1913, já havia espécies ameaçadas de extinção em regiões onde outrora eram abundantes, como o Espírito Santo.

Jean Binot

Seis anos depois da chegada de Pinel, foi a vez do também parisiense Jean Baptiste Binot preterir a França pelo Brasil. Aportou no Rio de Janeiro, em 1840, movido pela decisão de reconstruir a vida longe de sua terra natal, após o dissabor da perda de uma filha. Em 1848, seu estabelecimento hortícola estava a pleno vapor, na rua de S. Januário, 9, em São Cristóvão. O atendimento à clientela, no entanto, fazia-se preferencialmente na rua do Ouvidor, 47, no então centro elegante do comércio francês no Rio de Janeiro. Em 1852, seu viveiro foi deslocado para o bairro do Retiro, em Petrópolis, e lá, mesmo após seu falecimento, prosseguiu sob a direção de seu filho Pedro Maria Binot (1851-1911), que estudou na escola de horticultura criada por Louis Van Houtte (1810-1876), em Gand, Bélgica (Laemmert, 1848, p. 394; 1853, p. 535; Stols, 2006, p. 85).

Mas qual a gama de serviços a que se dedicava Binot? Em publicidade no almanaque de Laemmert de 1847, ele se definia como "jardineiro, florista e cultivador" (Laemmert, 1847, p. 394). Na mesma propaganda, explana que suas atividades abarcam a

cultura e conservação dos jardins, tanto por mez como por anno, faz toda a sorte de ornamentos próprios, como caramanchões, pyramides, arcos de triumpho, bancos de verdura, etc., para o que tem a disposição dos amadores uma considerável collecção de riscos de jardins no gosto antigo e moderno, que promptamente executará a escolha de quem o encarregar. Os seus viveiros estão muito bem sortidos de plantas da Europa e do paiz, e as vende por preços mui rasoaveis, e com abatimento de 10% para o comprador de 50$ (Laemmert, 1847, p. 394).

Aqui cabe uma pequena explicação sobre o que eram esses "jardins no gosto antigo e moderno". Binot referia-se, no primeiro caso, às soluções geométricas inspiradas no renascimento italiano e no classicismo francês e seus elementos, com topiaria vegetal; e, no segundo, ao jardim paisagista, em sua versão atualizada pelos franceses no correr do século XIX.

Mantendo-se atuante por quase quatro décadas, Binot passou ao elenco de franceses que, nesse período, desenvolveu mais tempo de atividade ininterrupta no Brasil.

Projeto de Binot: jardins do Palácio Imperial de Petrópolis, registrados por volta de 1866.

116 / Movimento de paisagistas franceses

Entre 1847 e 1876, os anúncios de seus serviços frequentaram a maioria das edições anuais do almanaque de Laemmert, que buscava mapear e informar quem eram os principais atores de todas as especialidades profissionais na capital imperial. Seus clientes concentravam-se nos estratos sociais médios e altos, a começar pela família do imperador D. Pedro II (1825-1891). Já havia conquistado tal prestígio no meio técnico e na sociedade carioca, que, às vésperas de sua aposentadoria, não foi casualidade obter a distinção máxima – uma medalha de ouro – na I Exposição Hortícola de Petrópolis, em fevereiro de 1875, um dos primeiros eventos do gênero realizado no Brasil (Judice, 1998, p. 63). Aliás, o conjunto de jardins para o Palácio de Petrópolis, então residência imperial de veraneio, foi a obra de maior notoriedade de Binot. O contrato para realizá-la foi assinado em 1854, mesmo ano em que principiava, do outro lado do Atlântico, a constituição do Service de Promenade et Plantations de Paris (Lacombe, 1964, p. 10). Cerca de doze anos depois, em registros fotográficos de Georges Leuzinger e Revert Henrique Klumb, os recintos verdes já apareciam bem viçosos. A partir de 1877, os jardins teriam sido remodelados por Auguste François-Marie Glaziou, possivelmente em razão de aposentadoria ou desaparecimento de Binot. De todo modo, eles representaram uma obra-chave não apenas na trajetória de Binot mas também na difusão, no contexto brasileiro, das características do jardim paisagista oitocentista, dividindo a primazia, na aplicação dessa sintaxe plástica, com outra proposta de relevo – a reforma do Passeio Público do Rio de Janeiro –, empreendida por Glaziou entre 1860 e 1862. Portanto, coube a Jean Baptiste Binot tornar-se um dos introdutores dessa modalidade formal que, no Brasil do Segundo Reinado e da República Velha, terá longa carreira.

Auguste Glaziou

Figura de frente da atividade paisagística francesa no Brasil da segunda metade do século XIX, o bretão Auguste François-Marie Glaziou (1833-1906) foi autor de uma obra extensa, e intensa (para os padrões nacionais daquele tempo), desenvolvida principalmente na capital imperial, afora incursões nas cidades de Petrópolis, Nova Friburgo, Juiz de Fora e São Paulo. Na época de sua chegada ao Brasil, em 1858, em relação a seus pares de profissão já residentes no país, ele detinha credenciais incomuns, a começar por não ser autodidata, mas ter formação educacional em respeitada instituição parisiense.

Glaziou fez cursos teóricos e práticos de botânica e horticultura no Muséum d'Histoire Naturelle, em Paris, ministrados, entre outros, por dois destacados professores: Adolphe-Théodore Brongniart (1801-1876) e Joseph Decaisne (1807-1882) (Bureau, 1908, p. 120; Cardozo & Azevedo, 2009, p. 389; Terra, 2000, p. 57). Botânico e geólogo parisiense, Brongniart desenvolveu estudos pioneiros de morfologia e fisiologia vegetal de plantas fósseis e ministrou a cadeira de botânica e fisiologia vegetal naquela entidade. Além disso, em 1847, foi presidente da Académie des Sciences e um dos fundadores e primeiro diretor da Société Botanique de France (1854). Já o botânico e agrônomo belga Decaisne, por sua vez, fez carreira no mesmo museu, primeiro como jardineiro, depois como chefe das sementeiras e, por fim, como diretor de cultivos, ao lado de Charles-François Brisseau de Mirbel, ex-professor de Barillet-Deschamps. Em paralelo a essa atividade, foi redator-chefe da *Revue Horticole* e participou também da fundação da Société Botanique de France (Allain, 2002, p. 2; Allorge & Ikor, 2003, p. 555).

Segundo Édouard Bureau, seu primeiro biógrafo, Glaziou veio para cá atraído pela possibilidade de conhecer de perto a vegetação do país. Mas, nos dois primeiros anos de sua mudança, não foi fácil e nem imediata sua inserção profissional como horticultor e paisagista, obrigando-o a sobreviver com outras atividades (Bureau, 1908, p. 120). Essa situação mudou em 1860, ao conhecer Francisco José Fialho e associar-se a ele na reforma do Passeio Público Rio de Janeiro. Concluído o trabalho em 1860, passou a diretor do parque. Louis Agassiz (1807-1873), em seu diário, mencionou que, em 1865, o paisagista ocupava esse cargo e foi seu cicerone numa visita à Tijuca. Midosi, em ofício de 1875, da Secretaria de Estado dos Negócios do Império, referiu-se do mesmo modo ao posto de Glaziou. A partir de 1869, o paisagista acumulou também a função de diretor de Parques e Jardins da Casa Imperial (Terra, 2000, pp. 59, 65, 140). No período republicano, foi diretor de Jardins Públicos, Arborização e Florestas da cidade do Rio de Janeiro, posto em que se aposentou, em 1897, retornando à França (Cardozo & Azevedo, 2009, p. 394; Cunha, 2007, p. 58).

Jardim paisagista

O que houve de marcante na remodelação do Passeio Público? A intervenção não somente retirava do estado de abandono em que se encontrava o mais antigo jardim público nacional, como também deixava para trás o desenho clássico de Mestre Valentim (*ca*.1745-1813) para inaugurar, em espaços públicos brasileiros, a adoção de princípios do jardim paisagista moderno. É fato que esses conceitos já estavam em circulação em obras residenciais, como os jardins do palácio de Petrópolis. A reforma do Passeio Público abria, contudo, um campo de difusão e visibilidade bem mais amplos dessas ideias. A par da receptividade que o ideário paisagista estava obtendo nos espaços públicos de Paris, Glaziou tornou-se um dos agentes centrais que fizeram a ponte entre o que se experimentava lá e o que era possível transpor e adaptar para cá.

Nesse ponto, é interessante comentar o que era, afinal, o jardim paisagista oitocentista, tendo em vista o uso tão confuso que essa denominação teve, e ainda tem. Tratando da reforma do Passeio, o almanaque de Laemmert de 1862 registrava que a proposta de Glaziou

> representa um jardim cognominado inglez ou paisagista, gênero actualmente adoptado nos paizes de mais adiantada civilisação, por sua natural e graciosa singeleza, pois nelle se esconde a arte sob as mais bellas formas da natureza, que é o seu mestre e modelo depois de tirar o maior partido possível do terreno em que opéra, e dos pittorescos sítios circumvizinhos, dos quaes como se apossa, pelo effeito das perspectivas, com o fim de alargar os horizontes de seus términos (Laemmert, 1862, p. 313).

Também de 1862, os comentários de Joaquim Manuel de Macedo seguiam nessa mesma direção:

> A planta apresentada ao governo, e por este aprovada, representa um jardim no gênero inglês, hoje admitido em todo o mundo como o mais natural, o mais livre, e que produz mais agradáveis e completas ilusões. [...] O jardineiro-paisagista é rival do paisagista pintor. Este faz representar em sua tela de algumas polegadas o aspecto de um terreno imenso, vastas planícies entrecortadas de rios, alcantinos montes, vales sombrios, e tudo

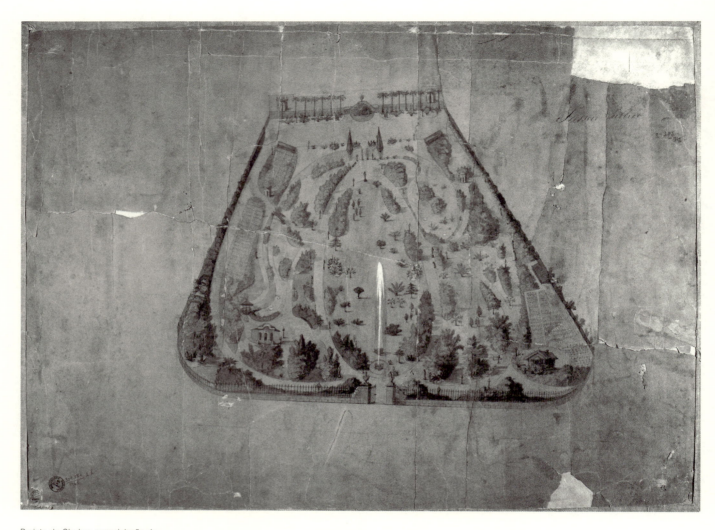

Projeto de Glaziou: remodelação do
Passeio Público do Rio de Janeiro.

120 / Movimento de paisagistas franceses

Projeto de Glaziou, parque de Antônio Clemente Pinto, em Nova Friburgo.

enfim quanto a natureza criou. Aquele corta, levanta, cava o terreno entregue à sua perícia, planta e semeia onde convém cobrir o solo, ou onde é conveniente esconder o triste aspecto de sítios; copia em sua obra e obra as obras da criação, aproveita ou improvisa rios e lagos, montes, outeiros, grutas e bosques; mas em sua cópia tudo é palpável, tudo tem a sua vida especial, tudo brilha com as próprias tintas da natureza (Macedo, 2004, pp. 143-144).

Lendo-se essas explanações do almanaque e as de Macedo, tem-se a impressão de que o Passeio Público do Rio de Janeiro fora repaginado como um jardim paisagista inglês do século XVIII. Porém, não era bem assim. Na realidade, seu projeto replicava outra gramática formal, que derivava, sim, de experiências inglesas setecentistas conhecidas como jardim paisagista, mas atingia resultados diversos. Esse modelo compositivo fermentou nos espaços públicos de Paris, durante a reforma comandada por Haussmann entre 1853 e 1870. E foi ele que fez escola no Brasil do Segundo Reinado e da República Velha, disseminado e adaptado especialmente por mãos francesas, como as de Glaziou. Como era essa sintaxe plástica, tempos depois nomeada jardim paisagista moderno? Ela atendia às condições urbanas, dispondo de ampla flexibilidade para ser aplicada em terrenos de todas as escalas, dos maiores aos menores, afastando-se, assim, das limitações impostas pelo jardim paisagista do século XVIII, cujo desenvolvimento estava subordinado a grandes áreas, geralmente no meio rural. Quando em terrenos mais extensos, essa gramática fazia crescer a presença de caminhos sinuosos, enquanto elementos estruturadores dos arranjos espaciais, urdindo redes mais complexas de passeios que induziam à multiplicação de pontos de vista, recantos e experiências sensoriais. Ela enfatiza não somente o papel expressivo do conjunto, mas também das partes, recuperando a presença de canteiros com arranjos inusitados de espécies herbáceas e arbustivas exóticas, numa estratégia francamente diversa do jardim paisagista setecentista, que, em favor das grandes vistas, dos grandes efeitos cênicos, excluíra quase totalmente detalhes e particularidades. Além disso, supervalorizava a profusão ornamental, na forma de ruínas artificiais, grutas, rocalhas, cascatas, lagos, pontes, fontes metálicas, bancos, postes de iluminação, gradis, bebedouros e toda sorte de produtos para jardins, disponibilizados pela Revolução Industrial.

Elenco de obras

Após o Passeio, Glaziou dedicou-se a oito obras públicas na cidade do Rio de Janeiro: o Campo de Santana, a praça D. Pedro II (atual praça XV de Novembro), a praça da Constituição (atual praça Tiradentes), a praça Municipal (desaparecida com a abertura da avenida Barão de Tefé), a praça General Osório (sacrificada com a implantação da avenida Presidente Vargas), o largo de São Francisco, diante da Estação D. Pedro II, a praça Duque de Caxias (atual largo do Machado) e o cais da Glória, próximo ao outeiro (Segawa, 1996, p. 172; Terra, 2000, p. 67).

O Campo de Santana era a intervenção mais ambiciosa de ajardinamento de um tradicional vazio urbano, que servia a exercícios militares, recreação popular e festas da coroa; as demais consistiam em remodelações, de menor envergadura, de espaços preexistentes.

Em paralelo à implantação dessas obras, Glaziou elaborou vários projetos para a família imperial e clientes particulares. Para D. Pedro II, idealizou o parque da Quinta da Boa Vista, na capital, e esboçou a reforma dos jardins do palácio de verão, em Petrópolis. Criou dois parques residenciais para o barão de Nova Friburgo – o fazendeiro de café Antônio Clemente Pinto (1795-1869) –, sendo o primeiro um complemento ao solar da capital (atual Palácio do Catete), e o outro, numa propriedade de veraneio, em Nova Friburgo (parque São Clemente). Desenvolveu amplos jardins para a também fazendeira de café Veridiana Valéria da Silva Prado (1825-1910) e para o engenheiro e político Mariano Procópio Ferreira Lage (1821-1872), envolvendo seus palacetes, respectivamente, em São Paulo e Juiz de Fora.

No entanto, o Campo de Santana foi um dos projetos-chave do elenco de realizações de Glaziou. E isso por vários motivos, começando pelo fato de ser uma das obras precursoras de uma tipologia verde – o *square* parisiense – que fez interessante carreira no Brasil do Segundo Reinado e da República Velha. Novidade introduzida aqui pelos franceses, era uma área pública ajardinada, com proporções pequenas e médias, envolvida por cercas e dotada de portões franqueados ao público em certos horários (ver capítulo inicial). No caso brasileiro, geralmente surgia a partir da adaptação de praças e largos coloniais, como no exemplo da proposta de Glaziou para a praça da Constitui-

Glaziou foi, no Brasil, um dos artífices da difusão do *square* parisiense que se propagou amplamente pelo território nacional no final do século XIX. Essa nova tipologia verde inspirou a transformação de antigos espaços públicos, como o Terreiro de Jesus, em Salvador (acima), e a praça Senador Benedicto Leite, em São Luís do Maranhão (abaixo).

ção, no Rio de Janeiro, registrada numa fotografia de Georges Leuzinger (1796-1892), por volta de 1865.

No final do século XIX, os *squares* espalhavam-se pelo Brasil afora, brotando em cidades geograficamente distantes, como Manaus, São Luís do Maranhão, Recife, Salvador, São Paulo e tantas outras. Em São Luís, a praça Senador Benedito Leite era um bem cuidado *square* que atendia a população da cidade e figurava em diversos postais, editados na passagem do século XIX e nas primeiras décadas do XX. No Recife, a praça Maciel Pinheiro, ao ser fotografada por Maurício Maberg, aproximadamente em 1885, apresentava a conformação de um *square*. Também no antigo Terreiro de Jesus, em Salvador, havia um *square* cuja imagem circulou em postal da firma de J. Mello, em fins do século XIX. O largo de São Bento, em São Paulo, encerrava também um *square* em 1892, ano em que foi clicado por Marc Ferrez (1843-1923).

Ornamentos metálicos

O Campo de Santana foi o encargo público de Glaziou que melhor reverberou a gramática do jardim paisagista moderno. Implementado entre 1873 e 1880, o projeto cumpria à risca todos os itens programáticos existentes nos principais espaços públicos da Paris reformada, inclusive no emprego de equipamentos de ferro fundido.

Em complemento aos ambientes conformados pelas alamedas sinuosas, o lago de águas mansas e conjuntos densos de árvores exóticas e nativas, Glaziou introduziu uma série de artefatos metálicos: quatro chafarizes em formato de estela, encimados pelo busto de Europa; fonte com desenho de sereia; oito vasos ornamentais; quatro portões; e gradis de fechamento da área, todos encomendados à empresa francesa Val d'Osne, a mesma fornecedora da prefeitura parisiense (Glaziou, 2000, p. 131; Junqueira, 2000, pp. 92-97).

A Val d'Osne – metalúrgica criada por Jean Pierre Victor André no Haute-Marne, em 1833 – notabilizou-se na produção de objetos decorativos e peças de mobiliário urbano, desenvolvendo inclusive itens específicos para os espaços públicos de Paris, encomendados por Davioud (ver capítulo inicial). Seu catálogo oferecia um vasto elenco

Uma das primeiras solicitações de Glaziou à Val d'Osne foi uma ponte metálica para a remodelação do Passeio Público (acima). Mas o equipamento de maior proporção comprado dessa empresa francesa foi o chafariz desenhado por Moreau, instalado na antiga praça D. Pedro II (abaixo).

de produtos, entre os quais 200 modelos diferentes de vasos, 110 de chafarizes, 600 de figuras humanas, 250 de representações animais, todos desenhados por cerca de 50 escultores, sendo Mathurim Moreau (1821-1912) um dos mais notáveis deles (Robert-Dehault, 2000, pp. 47-48).

Tanto nos jardins públicos como nas obras privadas que desenhou, Glaziou foi um dos incentivadores da presença desses ornamentos sofisticados, contribuindo para que o Rio de Janeiro formasse um dos maiores acervos dessas peças fora da França. Cerca de 200 delas chegaram aos nossos dias, sendo algumas de autoria de Moreau. É desse escultor, por exemplo, o exuberante chafariz de 10 m de altura, originalmente adquirido para figurar na praça D. Pedro II e hoje na praça Monroe. Também são obras dele as alegorias das quatro estações do ano em que Glaziou encomendou para o Passeio Público, sendo possivelmente as primeiras solicitações do paisagista à Val d'Osne, em 1860, além da ponte com guarda-corpos imitando galhos de árvore entrecruzados, incluída no mesmo projeto (Junqueira, 2000, pp. 76, 81).

Arte rústica

Cenários de pedras artificiais simulando falésias, grutas e quedas d'água; ornamentos em concreto armado com formas vegetais; pequenas construções simulando ruínas. Esses componentes de arte rústica ou *rocaille* eram tão importantes quanto a vegetação, os lagos e os passeios na configuração de projetos de estilo paisagístico moderno (ver capítulo inicial). Glaziou não se furtou à aplicação deles, adotando-os na maioria de seus projetos, fossem ou não de natureza pública. O paisagista fez seu voo mais ousado no Campo de Santana, na montagem de um conjunto rochoso artificial que funcionou como a versão local do congênere existente no Bois de Boulogne. Realizou, aí, um avantajado cenário de pedras artificiais em concreto armado, que incluía gruta e cascata.

Não se sabe se Glaziou contratou um *rocailleur* francês em atividade no Rio de Janeiro ou trouxe-o diretamente de fora para ajudá-lo na realização desse trabalho, e no da ponte que imitava troncos e galhos de árvores, igualmente preparada em con-

As rocalhas do Campo de Santana foram um prato cheio tanto para a charge de Ângelo Agostini (ao lado) quanto para os fotógrafos que clicavam as novidades na capital imperial. As falsas rochas também figuraram em outro trabalho de maior envergadura de Glaziou: a Quinta da Boa Vista (na página ao lado).

creto armado. De todo modo, os resultados fantasiosos e a execução cuidadosa desses ornamentos cênicos não ficaram a dever aos exemplos parisienses. A própria imprensa carioca, em matéria publicada no dia da inauguração do projeto, não deixou de elogiá-los. O *Jornal do Comércio*, de 7 de setembro de 1880, assim descrevia:

> Confiada ao Dr. Glaziou a execução desse grandioso plano, sahio-se della com toda a galhardia o provecto engenheiro e botanista. Como obra d'arte tem esse jardim uma cascata monumental de soberbo effeito vista pelo exterior, e cheia de episódios inesperados para o visitante que se embrenhar nas grutas que tem no interior; ornadas de stalactites e stalagmites, onde o contínuo correr da água completará a perfeita ilusão. Dá acesso a essa cascata uma pinguela rústica e várias pedras como que disseminadas ao acaso nas águas do lago inferior. De noite, a cascata é iluminada por lampiões de gaz-globo, artisticamente dispostos (*apud* Terra, 2000, p. 81).

Concomitantemente à implementação do Campo de Santana, Glaziou tocava adiante as obras do parque da Quinta da Boa Vista, que viria a ser seu maior encargo brasileiro. Elaborado em 1868, o projeto destinava-se à residência oficial do imperador. Nele Glaziou novamente praticava os cânones do jardim paisagístico moderno, valendo-se das possibilidades oferecidas por um sítio bem maior do que o Campo de Santana, inclusive para multiplicar a participação de obras de arte rústica. Afora um penedo artificial com gruta, o paisagista dispôs algumas pontes moldadas em forma de troncos, em pontos diferentes do parque.

Do mesmo modo que fizera com os equipamentos de ferro fundido, Glaziou abriu caminho para a difusão dos trabalhos de arte rústica em jardins públicos e privados nacionais. Num intervalo relativamente curto, o gosto por essas obras avançou tanto que elas já compareciam não somente nos grandes centros, mas também em paragens improváveis do Brasil. São Paulo exibia, no Jardim da Luz, um rochedo artificial com caverna. Rocalhas em forma de galhos de árvore também figuraram no parque Villon (hoje, Tenente Siqueira Campos, mas conhecido como Trianon), na capital paulista. Igualmente Pindamonhangaba providenciou um cenário rochoso com cascata, que tomava quase toda a praça Monsenhor Marcondes. Campinas não ficou atrás e realizou em seu jardim público um maciço rochoso com várias concavidades. Belo Horizonte,

Na virada do século XIX, o gosto pela arte rústica avançou pelos jardins do Brasil afora, como se pode observar nesses postais: Jardim da Luz, em São Paulo; praça Monsenhor Marcondes, em Pindamonhangaba; parque Municipal, em Belo Horizonte; e praça da Independência, em Belém.

no parque Municipal, apresentava uma ponte rústica; e, na praça da Liberdade, uma fraga moldada. Pontezinha em troncos artificiais de árvore integrava o parque Moscoso, em Vitória. Também havia rocalhas com desenho de galhos na estrutura de um coreto da praça General Osório, em Manaus, e nos ornamentos distribuídos na praça da Independência, em Belém.

Joly e Perret

O Rio de Janeiro do Segundo Reinado atraiu, mas não deteve a exclusividade de abrigar horticultores e paisagistas franceses em solo brasileiro. Para se fixar e praticar seu ofício, foram destinos igualmente escolhidos por esses profissionais cidades como São Paulo e Pelotas, para onde se dirigiram, respectivamente, os horticultores Júlio Joly e Ambrósio Perret.

Em meio à capital paulista, que se enriquecia com a economia cafeeira, Joly se instalou e fez carreira como produtor e comerciante de flores de corte e espécies ornamentais. Seus viveiros estavam em atividade pelo menos desde 1862, quando foram fotografados por Militão Augusto de Azevedo (1837-1905). Ocupavam uma chácara no Brás e figuravam entre os pontos da cidade que atraíam estrangeiros, personalidades ilustres, e amantes de plantas ornamentais. Quando esteve em São Paulo, em 1884, a princesa Isabel (1846-1921) incluiu um passeio à estação hortícola de Joly. Também o jornalista e político Carl Von Koseritz (1830-1890), em seu livro *Imagens do Brasil*, de 1885, referiu-se ao trabalho do horticultor. Mais um visitante que se recordou das atividades de Joly foi o empresário Henrique Raffard (1851-1906), ao escrever suas impressões da estada na capital, em 1888, na publicação *Alguns dias na Pauliceia*. Além do estabelecimento de cultivos, Joly mantinha uma loja em ponto privilegiado do centro comercial da cidade, ocupando um imóvel na esquina das ruas do Imperador (atual Quinze de Novembro) e da Quitanda (Barbuy, 2006, pp. 165, 168).

Para bem mais distante do que Joly, Ambrósio Perret, dirigiu-se ao extremo sul do país, por volta da década de 1870. Estabeleceu-se em Pelotas, possivelmente amparado em uma rede de contatos que fizera com que a cidade fosse, ao longo do século XIX, um dos três principais redutos de imigração espontânea francesa no Rio Grande do Sul. Ao que tudo indica, Perret era um profissional mais ligado à prática hortícula do que à atividade projetual. Na região do Passo do Retiro, montou seu centro de horticultura, que abarcava tanto a produção de plantas ornamentais quanto a de árvores frutíferas. Em pouco tempo, destacou-se no comércio regional de plantas, fornecendo mudas para uma clientela distribuída por várias cidades dentro e fora da província gaúcha (Betemps, 2006, pp. 32-33).

Paul Villon

Com a queda do Império, em 1889, a República foi instaurada. A troca de sistema político, contudo, não impingiu nenhum abalo imediato ao movimento de profissionais franceses dos jardins no Brasil. Nem tampouco fez arrefecer o gosto pelo jardim paisagista moderno. O que se viu foi a entrada em cena de novos personagens, entre eles Paul Villon (1842-?), natural de Côte Saint-André, próxima a Lyon e Grenoble, no sudeste da França, mesma cidade onde nasceu o compositor Louis-Hector Berlioz (1803-1869).

Sucedendo a Glaziou na condição de paisagista mais requisitado em obras estatais nos primeiros anos da República, Villon foi talvez o profissional mais próximo ao grupo técnico da reforma de Paris a se transferir para o Brasil. Sua formação educacional se fez entre Paris e Grenoble. Estudou com Alphonse du Breuil (1811-1885), que foi redator-chefe da *Revue Horticole*, professor de arboricultura, em 1853, no Conservatoire National des Arts e Métiers, e um dos fundadores da École Municipale et Départamentale d'Arboriculture de la Ville de Paris, na qual deu aulas entre 1867 e 1887, colaborando na formação de quadros profissionais necessários à capital francesa. Em Grenoble, Villon aperfeiçoou-se em horticultura e arboricultura no estabelecimento Meunier et Rocher Frères (Allain, 2002, p. 2; Trindade, 1997, p. 266). Sua carreira possivelmente se iniciou em Paris, tomando parte na equipe de Alphand e Barillet-Deschamps. Talvez tenha sido escalado por esses profissionais para trabalhar em melhorias no parque

63 - MARSEILLE. — Entrée du Parc Borély - LL

Trabalhos em que Paul Villon participou antes de sua transferência para o Brasil e após aqui chegar: parque Borely, em Marselha; e Quinta da Boa Vista, no Rio de Janeiro.

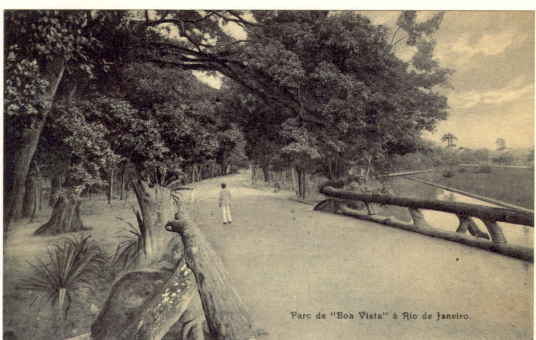

Parc de "Boa Vista" à Rio de Janeiro.

Borely, em Marselha, para o qual Alphand fizera projeto de reforma, e Barillet-Deschamps, o plantio, a partir de 1860.

Não se sabe em que ano e em quais condições Villon se mudou definitivamente para o Brasil. No entanto, parece que seus primeiros encargos no país foram no Rio de Janeiro, sob a direção de Glaziou, integrando a equipe do paisagista bretão que implantou o Campo de Santana e o parque da Quinta da Boa Vista. Do mesmo modo que Glaziou, Villon foi progressivamente ampliando seu raio de ação além da capital imperial, conquistando encargos em São Paulo e Belo Horizonte. A etapa central de seu trabalho decolou a partir da implementação do então parque que levaria seu nome, Villon. Aberto em 1892, próximo à recém-inaugurada avenida Paulista, o parque articulava-se a um dos primeiros *boulevards* realizados em São Paulo, fruto da iniciativa imobiliária de Joaquim Eugênio de Lima, José Borges de Figueiredo e José Augusto Garcia, para constituir uma nova região elegante para se viver, longe do centro histórico da cidade.

Capital verde

Em 1894, Villon aceitou o convite do engenheiro Aarão Reis (1853-1936) para somar-se à sua equipe, encarregada do projeto de Belo Horizonte, nova capital de Minas Gerais e experiência pioneira, no início do período republicano, de estudo e implementação de uma cidade planejada. Naquele ano, transferiu-se para Minas Gerais e assumiu as obras paisagísticas da cidade. Primeiro, atuou na Quarta Divisão (Estudos e Preparos do Solo) e, depois, na Sexta Divisão (Arruamentos, Calçamentos, Parques e Jardins) da Comissão Construtora da Nova Capital.

Um de seus principais trabalhos foi a implantação do parque Municipal, entre 1894 e 1897. Maior área verde local, disposta próxima a um dos três *boulevards* estruturadores da malha urbana, o parque desenvolvia-se numa superfície de 64 ha, com base na aplicação dos princípios do jardim paisagista moderno. A partir de 1898, Villon desenhou também os espaços verdes do Palácio da Liberdade. Planejou a arborização dos *boulevards*, das avenidas e ruas da cidade. E organizou dois viveiros especializados, respectivamente, na produção de mudas de árvores, e de flores para os espaços pú-

Projetos da fase madura de Villon: parque Municipal de Belo Horizonte e remodelação dos jardins na orla de Botafogo.

136 / Movimento de paisagistas franceses

blicos, inspirando-se possivelmente na experiência de Barillet-Deschamps, em Paris. Com o encerramento dos trabalhos da Comissão, prosseguiu na função de paisagista municipal até 1899, quando pediu demissão e retornou ao Rio de Janeiro (Leme, 1999, pp. 222-223; Trindade, 1997, pp. 266-267). O conjunto de intervenções paisagísticas em Belo Horizonte não foi apenas obra de grande importância na trajetória de Villon, mas inaugurou um exemplo sem antecedentes no modo de construir cidades no território brasileiro. Belo Horizonte era a primeira capital verde que despontava no país, assim projetada desde sua origem, e não, adaptada posteriormente, como a maioria dos núcleos urbanos tradicionais que, na mesma época, buscavam enverdecer-se.

Volta ao Rio de Janeiro

Concomitantemente às atividades em Belo Horizonte, Villon fez mais uma parceria com Aarão Reis, desta vez numa obra no Rio de Janeiro, em 1896, ao ser chamado a intervir nos jardins do Palácio do Catete, originalmente estudados por Glaziou em complemento ao solar do barão de Nova Friburgo. Enquanto os interiores da antiga morada foram adaptados por Reis para a residência da Presidência da República, Villon dedicou-se à recuperação do parque de 24 mil m², que se espraiava nos fundos e na lateral direita da propriedade (Czajkowski, 2000b, p. 94).

O retorno definitivo de Villon ao Rio de Janeiro deu-se em 1899, ao aceitar a proposta de integrar os quadros técnicos da Inspetoria-Geral de Matas, Jardins, Arborização, Caça e Pesca. Entre 1902 e 1906, esse departamento se tornou um dos organismos--chave no suporte à ação reformadora do prefeito Francisco Pereira Passos (1836-1913) na capital da República. Versão carioca do Service de Promenade et Plantations de Paris, a Inspetoria propagou uma série de iniciativas visando ampliar a presença do verde na cidade, o que redundou na atualização de espaços existentes, na criação de mais jardins públicos, e na implementação de programas de arborização viária, inclusive para novos *boulevards* – caso da avenida Central (atual Rio Branco) e da avenida Beira-Mar, entre a Glória e Botafogo. Nesse contexto, Villon foi responsável pelo desenho dos jardins na praia de Botafogo e no Alto da Boa Vista, ambos elaborados em 1903, segundo os repertórios do jardim paisagista moderno (Brenna, 1985, pp. 101, 107-108).

Charles Thays

Em 1900, tempos antes de travar contatos com Paul Villon, no Rio de Janeiro, Charles Thays fez seu primeiro trabalho no Brasil. Então Diretor de Passeios de Buenos Aires, afamado pelo trabalho que operava à frente desse cargo, o paisagista aceitou um convite do governo de São Luís do Maranhão para estudar melhoramentos no centro cívico local (Berjman, 1998, p. 171). Thays propôs ajardinar a praça diante da sede governamental (Palácio dos Leões), prolongando-a em forma de mirante circular debruçado sobre o rio Anil. E interligou esse espaço à avenida D. Pedro II, transformando-a numa avenida-verde balizada por canteiro central e dois pares de linhas de árvores.

Três anos depois, deu consultoria à gestão carioca de Pereira Passos e forneceu espécies para arborização local. Em 28 de junho de 1903, Thays participou de reunião com o prefeito, o Inspetor dos Jardins Julio Furtado, e Paul Villon, quando "examinarão plantas desta cidade e da de Buenos Aires, dos nossos parques e dos pequenos jardins desta capital", segundo informava o *Jornal do Comércio*, da véspera (Brenna, 1985, p. 72). Pelo menos desde a quinzena anterior, a imprensa local vinha noticiando a visita de Thays. E não havia completa receptividade à ideia do prefeito de trazê-lo para opinar sobre o presente e o futuro dos jardins do Rio de Janeiro.

A *Gazeta de Notícias*, de 14 de junho de 1903, estampou uma ácida matéria a respeito:

O Rio de Janeiro já mostrou que pode ter jardins e ruas arborisadas, graças apenas á competência e ao zelo de seus funcionários, não sendo preciso que nos venham ensinar a melhor maneira de traçar gramados, alinhar canteiros e plantar arvoredos de sombra. [...] Para o serviço de ajardinamentos e arborização, dispensamos professores. – Nisso, como em tudo, o que nos faltava não era capacidade: era vontade de trabalhar, era administração, era coragem. O correspondente telegraphico de um nosso jornal em Buenos Aires mandou dizer hontem que o Sr. Thays traz consigo seiscentos pés de arvores dos que adornam aquella cidade, afim de serem plantadas na capital do Brasil...

Deixem-me rir um bocadinho... *Buenos Aires offerecendo arvores ao Rio de Janeiro!* Não acham os senhores que a coisa deve ser sublinhada com um riso sóbrio e commedido, um riso não de impertinência ou desdem, mas de bom humor?

> O Rio de Janeiro, se invejasse a Buenos Aires as suas arvores, faria a mesma figura dessas meninas ricas, que, possuidoras de lindas e luxuosas bonecas bem vestidas, invejam às crianças pobres as suas miseráveis bonecas de tostão, recheadas de trapos e adornadas de farrapos. – Para que queremos nós as arvores de Buenos Aires? Arvores temos nós de sobra: o que nos tem até agora faltado é quem saiba amal-as e aproveital-as (*apud* Brenna, 1985, p. 68).

Embora a matéria não discriminasse quais mudas Thays portava consigo, é quase certo que havia tipuanas (*Tipuana tipu* (Benth.) Kuntze) e jacarandás-mimosos (*Jacaranda mimosifolia* D. Don). Foi justamente com essas espécies da flora argentina que Thays obteve bons resultados na arborização pública de Buenos Aires. Por outro lado, pode-se considerar a possibilidade de haver alguma relação entre essa viagem do paisagista e a propagação, na mesma época, das tipuanas e jacarandás-mimosos nas iniciativas de arborização das ruas de São Paulo. Apesar de não existirem notícias confirmando a presença de Thays, em tempo algum, na capital paulista, houve provavelmente algum intercâmbio, mediado por ele, que fez com que essas árvores fossem adotadas em São Paulo.

Bouvard, Vacherot e Cochet

Outro personagem renomado que também frequentou ocasionalmente o Brasil da República Velha foi Joseph Antoine Bouvard. Da mesma forma que Charles Thays, chegou para realizar trabalhos pontuais, sem qualquer intenção de se transferir para o país. Retornando de uma viagem profissional a Curitiba, em 1911, para prestar assessoria ao banqueiro francês Edouard Fontaine de Laveleye, Bouvard foi convidado pela Câmara Municipal de São Paulo a opinar sobre três projetos de melhoramentos – para o centro histórico da capital paulista – que estavam incendiando os ânimos tanto no meio técnico quanto no setor imobiliário da cidade. Contudo, o arquiteto francês preferiu não entrar no mérito desses trabalhos e formulou uma proposta alternativa, sublinhando o que considerava indispensável à cidade, presente e futura. Em meio a essa proposta, estavam estudos para dois parques, respectivamente no Vale do Anhangabaú e na Várzea do Carmo (Segawa, 2000, pp. 65, 93).

Bouvard justificava esses acréscimos verdes ao tecido urbano paulistano argumentando que era necessário

> não esquecer a conservação e criação de espaços livres, de centros de vegetação, de reservatórios de ar. Mais a população aumentará, maior será a densidade de aglomeração, mais crescerá o número de construções, mais alto subirão os edifícios, maior se imporá a urgência de espaços livres, de praças públicas, de *squares*, de jardins, de parques, se impõe [*sic.*].

> Foi para tal fim que independentemente dos passeios interiores, de que apresento a colocação nos estudos, tendo em vista o encanto e atração da cidade, aconselho três grandes parques, lugares de passeio para os habitantes, focos de higiene e de bem-estar, necessários à saúde pública, tanto moral como física (*apud* Segawa, 2000, p. 101).

Nos anos seguintes, a finalização dos projetos dos parques teve destinos diferentes. Apenas a proposta do Anhangabaú foi detalhada, sendo Jules Vacherot (1862-1925) encarregado dessa tarefa por Bouvard (Guaraldo, 2002, pp. 99, 101). Vacherot era um profissional destacado, que estudara na École des Beaux-Arts de Paris e especializara-se em paisagismo com Barillet-Deschamps, Eugène Deny (1857-1926) e Joseph Laforcade (1826-1914). No princípio do século XX, foi jardineiro-chefe de Paris e elaborou os jardins da Exposição Universal de 1900, ganhando notoriedade a partir de então com projetos de parques e jardins para feiras internacionais. Aliando uma intensa atividade como projetista, teórico, professor e membro de instituições profissionais, escreveu o livro *Les parcs et jardins au commencement du XXe siècle*, presidiu a Société Nationale d'Horticulture de France, foi professor na École Municipale d'Horticulture de Paris, e autor de dois grandes parques públicos, respectivamente em Nancy e Valence, na França (Racine, 2002, pp. 150-153).

A proposta de Bouvard para a Várzea do Carmo foi preterida por um estudo novo, desenvolvido por E. F. Cochet, mais um profissional de origem possivelmente francesa que manteve escritório no Rio de Janeiro e prestou serviços em São Paulo, para a administração do prefeito Washington Luiz (1869-1957). Aprovado pela Câmara Municipal em 12 de junho de 1914, o projeto de Cochet compartilhava com o de Bouvard a aplicação dos princípios centrais do jardim paisagista moderno, embora o novo projeto atingisse resultados plásticos mais sofisticados que os do antigo, especial-

Projeto de Bouvard: parque no Vale do Anhangabaú.

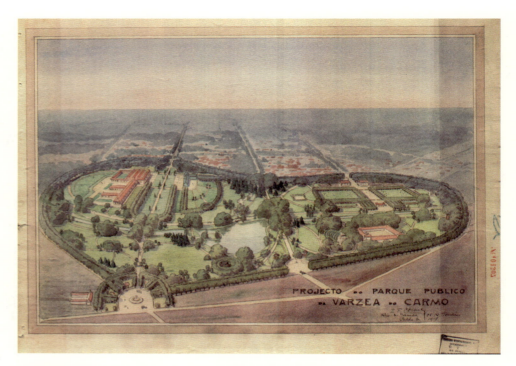

Projeto de Cochet: parque na
Várzea do Carmo.

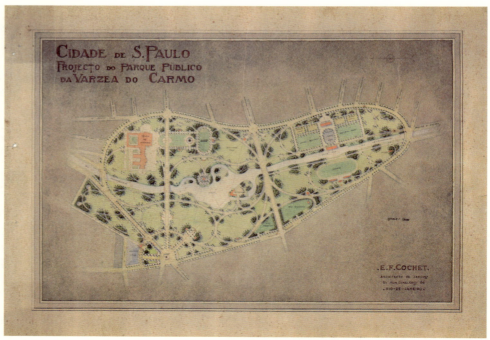

142 / Movimento de paisagistas franceses

mente no aproveitamento dos recursos hídricos. Cochet incorporava de melhor modo a presença do rio que atravessava a área, com alargamentos para a formação de lagos, em vez de restringir-se à mera retificação do curso d'água, como fizera Bouvard.

Além disso, em outro ponto, a proposta de Cochet suplantava a solução de seu antecessor: introduzia uma ampla série de equipamentos para esportes e recreação, como quadras de tênis, futebol, hóquei, beisebol, patinação, área de brinquedos e jogos infantis, e um cineteatro, formando um conjunto até então sem precedentes em parques públicos na cidade. No memorial que acompanhava o projeto, Cochet detalhava essas intenções dizendo que

> a área posta a nossa disposição e os bairros do entorno onde a população se concentra nos levaram naturalmente a estudar um complexo diversificado onde grande parte foi reservada às áreas de recreação e jogos infantis, e áreas de esportes para os adultos.

> A experiência nos tem mostrado que os parques públicos não devem ser somente passeios agradáveis e reservas de ar puro, mas devem também propiciar educação física às crianças, repouso aos adultos e desenvolvimento da raça (*apud* Kliass, 1993, pp. 117-118).

Com altos e baixos, os trabalhos de execução foram levados adiante, entre 1918 e 1921, quando a área passou a chamar-se parque D. Pedro II. Em 1922, Antonio Andrea Etzel (1858-1930), paisagista austríaco então diretor do departamento municipal de áreas verdes, tratou da finalização do ajardinamento, empreendendo, nesse mesmo ano, o plantio de mais de 17.608 mudas. Mas a série completa de equipamentos não teve a mesma sorte e ficou pelo caminho (Kliass, 1993, pp. 120, 125).

No fim das contas, o mesmo destino perverso se abateu sobre os dois parques. Na década de 1940, o Anhangabaú e o D. Pedro II sucumbiram com a drástica perda de áreas e com interrupções absurdas, para acomodar grandes avenidas e viadutos. Enfim, foram umas das primeiras vítimas da voracidade de conquistar espaço a todo custo para expandir vias e acomodar um número cada vez maior de carros em circulação na cidade.

Além de disseminar obras paisagísticas em várias localidades, introduzir repertórios formais e divulgar espécies vegetais que não eram conhecidas aqui, a presença dos profissionais franceses ao longo do século XIX e início do XX teve outros desdobramentos não menos importantes no Brasil. Um deles foi incentivar o florescimento das primeiras gerações de paisagistas e horticultores nacionais, colaborando para que, de manifestação episódica, o paisagismo se transmutasse em atividade sistemática em nosso país. Na segunda parte de nosso estudo, vamos discutir de que modo se estabeleceram esses vínculos com a cultura paisagística francesa, tendo como guia a trajetória e as realizações do gaúcho Frederico Guilherme de Albuquerque.

II RELAÇÕES FRANCO-BRASILEIRAS

Folhas de papel

"Dentre os homens da actual geração o nosso amigo Frederico de Albuquerque se destaca em proeminente relevo [...]. É a ele que devemos a primeira introdução das mais bellas plantas ornamentaes [...]. Fundador e redactor da Revista de horticultura, foi quem primeiro entre nós tentou diffundir o gosto elevado pelas bellezas do mundo das plantas."

LUIZ PEREIRA BARRETTO, 1887.

As relações entre a cultura paisagística francesa e a nascente arte dos jardins no Brasil avançaram durante o Segundo Império, transparecendo no trabalho dos principais representantes das primeiras gerações de paisagistas e horticultores nacionais – caso de Frederico Guilherme de Albuquerque. Neste capítulo, vamos ver de que modo se deram essas ligações, tendo como fio condutor a atividade editorial e projetual de Albuquerque.

Natural de São Pedro do Rio Grande, na província do Rio Grande do Sul, Frederico Guilherme de Albuquerque (1839-1897) despertou ainda jovem para o mundo das plantas e, por meio de uma formação universitária adequada, buscou aprimorar essa aptidão. Aos vinte anos, matriculou-se na Escola Central, na cidade do Rio de Janeiro, um dos raros estabelecimentos de ensino superior do país dedicados às ciências

Em 1859, Frederico Guilherme de Albuquerque matriculou-se na Escola Central, no Rio de Janeiro, um dos raros estabelecimentos de ensino superior, no Brasil, que ofereciam cursos de ciências naturais. No ano seguinte, casou-se com a prima Maria Ephigênia de Lorena, sendo retratado ao lado dela no momento de sua união, em 6 de outubro de 1860.

naturais. Sucedânea da Escola Militar, a Central preparava profissionais para diversos campos de atividade. O curso normal, com duração de quatro anos, formava bacharéis e doutores em ciências naturais, ciências físicas e ciências matemáticas. O curso de engenharia civil abrangia tal ciclo básico e concluía com dois anos suplementares de estudos (Coelho, 1999, p. 195; Figueirôa, 1997, pp. 97-98). Talvez decepcionado com os conteúdos do primeiro ano, ou movido por outras razões, Albuquerque não seguiu adiante com os estudos e voltou para o Rio Grande do Sul (Carvalho, 1898). Todavia, isso não significou um esmorecimento de sua escolha pela carreira das ciências naturais. Nos anos seguintes, alçou voo como botânico autodidata, horticultor e paisagista, conquistando progressivamente reconhecimento além das fronteiras de sua província natal e, inclusive, no exterior.

Trajetória de Frederico de Albuquerque

Desde a montagem de sua primeira estação hortícola, em 1860, Frederico de Albuquerque desenvolveu ampla gama de interesses, abarcando desde as chamadas plantas úteis às espécies ornamentais. Nesse centro, localizado na ilha dos Marinheiros, na lagoa dos Patos, fez experiências pioneiras com a aclimatação de eucaliptos (como o *Eucalyptus maidenii* subsp. *globulus* (Labill.) J. B. Kirkp.) e videiras, numa época em que apenas principiava o interesse por esses vegetais no sul do país. Simultaneamente a pesquisas com essências agrícolas e florestais, formou coleções de plantas ornamentais incomuns, algo excepcional no Brasil daquela época. Nesse segmento, reuniu exemplares da flora brasileira e exótica, obtidos por meio de uma sofisticada rede de contatos nacionais e internacionais. Com o trabalho seguindo de vento em popa, Albuquerque expandiu seu estabelecimento de horticultura, em 1871, montando um novo viveiro na serra dos Tapes, na região de Pelotas (Albuquerque, 1997, p. 34).

No entanto, três anos depois, seu temperamento inquieto e empreendedor levou-o para longe de sua terra natal, a buscar outros desafios. Assim, transferiu-se para o Rio de Janeiro, então capital imperial, com sua esposa e filhos, para atuar como praticante da Seção de Botânica do Museu Nacional, uma das mais importantes entidades nacionais voltadas à história natural. Acomodou a família numa chácara no Engenho Novo (rua 24 de Maio, 99) e ali organizou o Beliche, um centro de horticultura. Transplantou, nessa propriedade, uma coleção que trouxera em sua bagagem, de 493 espécies diferentes, além de 169 variedades de videiras, como descreve em carta à Société Impériale Zoologique d'Acclimatation, em Paris, a pretexto de comunicar seu novo endereço (Albuquerque, 1997, p. 42).

Em 1875, Albuquerque subiu ao posto de adjunto do departamento de botânica e, possivelmente, foi desligado ou desligou-se desse cargo no momento da reforma funcional da instituição, promovida em 1876 pelo diretor Ladislau de Sousa Melo Netto (1838-1894). Deixado o Museu Nacional, Albuquerque passou a incrementar a atividade de sua estação hortícola e, paralelamente, concentrou-se numa nova empreitada, que vai tornar-se um dos pontos altos de sua trajetória profissional – a criação da *Revista de Horticultura* – o primeiro mensário nacional que dedicou boa parte de seu espaço editorial às plantas ornamentais, tendo circulado de janeiro de 1876 a dezembro de 1879. O término abrupto da publicação, motivado pelo cancelamento de parcela importante das assinaturas subscritas pelo governo imperial, contribuiu para que o botânico gaúcho desse uma nova guinada em seu trabalho. Em 1880, mudou-se com a família para São Bernardo do Campo, na província de São Paulo, para organizar uma escola de vinicultura, encomendada por Antônio da Silva Prado (1840-1929). Mas o projeto não foi adiante, e Albuquerque, então, dedica-se a instalar um estabelecimento de horticultura na mesma região (Carvalho, 1898).

Nesse ano de 1880, Frederico de Albuquerque viu chegar seu décimo primeiro e último filho. Nascia Alexandre, herdeiro do temperamento forte do pai e futuro arquiteto proeminente no cenário cultural da São Paulo das primeiras décadas do século XX. Ao longo da década de 1880, Frederico de Albuquerque fez mais progressos na introdução, multiplicação e comércio de plantas ornamentais incomuns, atendendo à sua clientela no centro do comércio sofisticado de São Paulo, com loja na rua São Bento, 34. Tornou-se um dos principais fornecedores de vegetação para jardins na capital paulista, com a Casa da China, dirigida por seu genro Antonio Felix Sarafana – também instalada, em períodos diferentes, na rua São Bento, nos números 57A e 41B –, e com

Vistas do Jardim da Luz, em São Paulo, que teve Albuquerque como seu diretor entre 1889 e 1892.

o estabelecimento de Júlio Joly (Bruno, 1954, p. 963). Nessa mesma década, realizou projetos de ajardinamento de espaços públicos para cidades do interior da província paulista (talvez Campinas ou Santos, segundo informações orais transmitidas entre seus descendentes). Em 1889, foi indicado para a administração do Jardim da Luz e dos jardins públicos de São Paulo, permanecendo nesse cargo até 1892.

Mas a movimentada atuação de Albuquerque não se resumiu a esses capítulos. Pouco antes, em 1890, havia entrado na disputa pelo comando de um museu de história natural que o governo provincial tencionava fundar na cidade de São Paulo. Mas perdeu a função para o botânico sueco Albert Löefgren (1854-1918), empossado como diretor do embrião do futuro Museu Paulista (Alves, 2001, p. 58). Após sua saída do departamento de jardins paulistanos, Albuquerque voltou mais uma vez para o Rio de Janeiro e remontou seus viveiros nas cercanias da Estação do Encantado (rua Primo Teixeira, 14).

Proximidade de Glaziou

Em meio ao seu trabalho polivalente, Frederico de Albuquerque manteve, entre 1874 e 1892, um período de atividade mais intenso como paisagista e horticultor dedicado à vegetação ornamental. Foi nesse intervalo de dezoito anos que ampliou ainda mais seu interesse pela cultura paisagística francesa daquele tempo. Mas de que modo se deu essa aproximação, e quais os efeitos que dela resultaram?

Dos jardins públicos propostos por Albuquerque, os cinco e únicos desenhos remanescentes, feitos na década de 1880, apontam um profissional em franca experimentação com o léxico do jardim paisagista moderno, divulgado por Auguste François-Marie Glaziou. Neles há um manejo criativo de estratégias aprendidas no contato direto com a obra brasileira do paisagista francês. Os circuitos entrecruzados dos passeios evocam os traçados curvilíneos bem delineados de Glaziou, resultando de um processo de depuração para se ajustarem a espaços menores do que o Passeio Público do Rio de Janeiro ou o Campo de Santana. Também repercute cuidado semelhante – presente nos trabalhos de Glaziou – o estudo das vistas descortinadas em diversos pontos do jardim. A configuração dos lagos e arroios, porém, segundo um desenho solto e imprevisível, aponta uma opção mais pessoal de Albuquerque.

Longe de ser apenas uma referência profissional abstrata, Glaziou foi alguém próximo e estimado por Frederico de Albuquerque. Provavelmente se conheceram no âmbito do Museu Nacional, logo no primeiro ano da mudança do horticultor gaúcho para o Rio de Janeiro, tendo em vista que Glaziou mantinha relações profissionais com a instituição, colaborando com sistemáticas ofertas de exsicatas para o herbário. O certo é que, nos anos seguintes, houve vários fatos que indicam um estreitamento das ligações entre eles, especialmente da parte de Albuquerque.

Em fevereiro de 1875, o paisagista francês estava no júri que premiou o trabalho de Frederico de Albuquerque na I Exposição Hortícola de Petrópolis, um dos eventos pioneiros em seu gênero na América do Sul (Judice, 1998, p. 63). Por sua vez, em outubro daquele ano, o horticultor gaúcho veio a público defender Glaziou, após a publicação de um artigo do horticultor Adolpho Lietze, criticando, entre outras questões, a soma excessiva empregada no Campo de Santana. Sem papas na língua, Albuquerque providenciava uma dura resposta, estampada no *Jornal do Comércio*, de 7 de outubro de 1875:

> Diz V. S. que para o jardim do campo destina o governo dous mil contos, fazendo-se assim écho daqueles que em tudo e a todo o transe fazem a opposição, em quanto só oitocentos dizem aqueles que em tudo e a todo custo lhe fazem a defesa.
>
> Que sabe, porém, V. S.? Que sabem uns? Que sabem outros?
>
> Que sei eu mesmo? Talvez me pergunte V. S. – Eu que penso que o governo gastará apenas aquillo que for necessário para a conclusão dessa obra, por todos reconhecida de urgente necessidade, confiando para isso, e com razão, na probidade e economia do Dr. Glaziou, a quem confiou sua execução, sei apenas que esse governo só póde ser censurado pela maneira mesquinha por que retribue o artista que a concebeu, e o engenheiro que a vai executar; concepção e execução de que são garantias sufficientes o Passeio Público; devido isso ao caráter do Dr. Glaziou que para si nunca fez questão de dinheiro, nem de vantagens (Albuquerque,1875a).

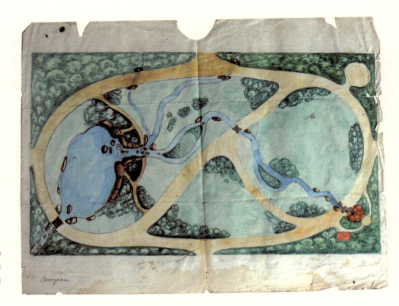

Projetos aquarelados de Albuquerque: jardins públicos em cidades no interior da província de São Paulo, década de 1880.

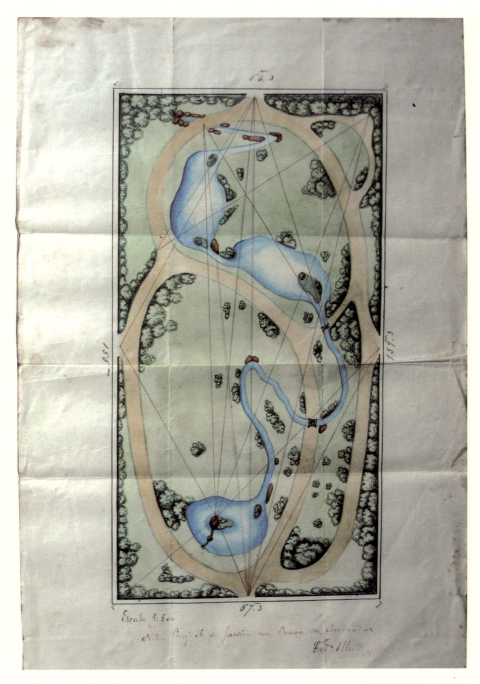

Folhas de papel / 155

Numa situação bem diferente, em 1878, Albuquerque volta a referir-se a Glaziou. Nesse ano, fez uma homenagem ao paisagista bretão, dedicando-lhe o terceiro volume da *Revista de Horticultura*, que reunia os doze números editados naquele ano. Tal reconhecimento vinha expresso com palavras que reiteravam o respeito e a admiração que ele nutria pelo profissional: "Ao Dr. A. F. M. Glaziou. O creador do Jardim Publico, pelos relevantes serviços prestados a horticultura no Brazil" (Albuquerque,1878).

Na carreira de Albuquerque, Glaziou foi uma referência importante; todavia, não representou o único elo de aproximação do botânico de Rio Grande com a cultura paisagística francesa. Antes dele vieram os livros.

Leituras francesas

Desde o princípio de sua atividade no sul, em 1860, Frederico de Albuquerque buscou, por meio de edições produzidas na França, manter-se a par dos avanços em botânica, agricultura, horticultura e paisagismo que aí ocorriam. E, para tanto, investiu na aquisição de publicações especializadas, enfrentando inicialmente toda sorte de dificuldades para obtê-las, num momento em que o comércio livreiro nacional engatinhava e nem sequer existiam livrarias nas cidades do Rio Grande do Sul. Para se ter uma ideia da precariedade regional da venda de publicações, apenas em 1871 Pelotas recebeu sua primeira loja de livros, a Americana; e Porto Alegre, a Livraria do Globo, em 1883 (Machado, 2009, pp. 71, 85). Três décadas depois, Albuquerque detinha um considerável acervo que, para seu e nosso desespero, foi consumido quase integralmente durante um incêndio em seu escritório na Sociedade Nacional de Agricultura, no Rio de Janeiro, como informa seu biógrafo e trineto Francisco Tomasco de Albuquerque.

Foi, possivelmente, uma das melhores bibliotecas particulares em horticultura, paisagismo, agricultura e botânica no Brasil da segunda metade do século XIX. Nisso nos leva a crer o fragmento dela (que escapou da tragédia e chegou aos nossos dias), preservado em meio às estantes da Biblioteca Central da Escola Politécnica (Poli-USP), na capital paulista. São 101 preciosos volumes que, infelizmente, hoje se misturam ao acervo geral, sem que se possa localizá-los facilmente. Chegaram lá pelas mãos de Alexandre Albuquerque, que, na maioria deles, deixou manuscrita sua oferta de doação na folha de rosto, na mesma página que contém registros anteriores dos estabelecimentos hortícolas de seu pai, com o carimbo "F. & J. Albuquerque/ 34, rua de S. Bento/ São Paulo". Os livros tiveram inscrição de entrada datada de abril de 1913 e dezembro de 1917; portanto, antes e durante o trabalho de Alexandre como bibliotecário da instituição (1917-1937). Representam um caso único, até o momento, de conjunto bibliográfico remanescente de paisagista brasileiro ativo no Segundo Reinado, e que permite identificar não apenas as leituras e as ideias que estavam em circulação aqui, mas também de que modo elas tocaram o universo mental das primeiras gerações de profissionais brasileiros ligados aos jardins e às plantas ornamentais.

É surpreendente constatar que esse acervo restante de Frederico de Albuquerque encerra nada menos do que 91 volumes franceses, e que a metade deles versa sobre plantas ornamentais, árvores, jardins e temas diretamente relacionados. Nesse segmento específico, existem três importantes manuais de desenho paisagístico: *Guide pratique du trace et de l'ornamentation des jardins d'agrément*, de Théodore Bona, em 5 volumes; *Parcs et jardins: traité complet de la création des parcs et des jardins, de la culture et de l'entretien des arbres d'agrément, de la culture des fleurs et de touts les plantes ornementales*, de Vincent Alfred Gressent, edição de 1880; e *L'art des jardins: traité general de la composition des parcs et jardins*, de Édouard André, de 1879 – uma primeira edição ilustrada com onze belas litografias coloridas.

Igualmente preciosas, embora mais abundantes, as publicações sobre cultura vegetal incluem desde enciclopédias sobre plantas agrícolas e ornamentais, até monografias temáticas sobre orquídeas, plantas bulbíferas e vegetação de estufas. No primeiro grupo, estão *Maison rustique du 19 siècle: encyclopédie d'agriculture pratique*, de Bailly, Bixio e Malpeyere, edição de 1834-1837, em 4 volumes (possivelmente uma das primeiras coleções adquiridas pelo botânico gaúcho quando residia no sul); *Encyclopédie pratique de l'agriculteur*, de M. L. Moll, edição de 1859, em 13 volumes, todos com o monograma FD'A nas lombadas, numa referência às iniciais de Frederico de Albuquerque; *Traité d'agriculture*, de C.-J.-A. Mathieu de Dombasle, edição de 1861, em 5 volumes; e *Guide pratique du jardinière français ou traité complet d'horticulture*, de Ph.

Desmoulins. O segundo conjunto abrange, entre outros exemplos, *Culture des orchidées contenant des instructions sur leur récolte expédition et mise en végétation*, de Charles Morel, edição de 1855, com lombada também gravada com as iniciais FD'A; *Les plantes bulbeuses: espèces, races et variétés cultivées dans les jardins de l'Europe avec l'indication des procédés de culture*, de Mathieu Bossin, edição de 1878, em 2 volumes; e *Plantes de serre chaude et tempérée: construction des serres, culture, multiplication, etc.*, de G. Delchevalerie, provavelmente de 1885.

Caleidoscópio literário

As estantes remanescentes de Frederico de Albuquerque guardam de tudo um pouco em matéria de plantas de jardim e seu desenvolvimento, inclusive manuais técnicos de propriedades dos solos e dos efeitos da luz solar na vida vegetal, como *Huit leçons d'agriculture: de chimie agricole, de la formation des terres arables, et des matériaux qui composent la croûte terrestre, etc.*, de A. Dauverné, de 1871; e *Chimie du sol*, de Sacc. Também abrigam conjuntos temáticos que, certamente, estavam no centro das preocupações do horticultor gaúcho. É o caso das árvores, que comparecem em 4 obras de referência: *Traité général de statistique, culture et exploitation des bois*, de Jean-Bazile Thomas, edição de 1840, em 2 volumes; *Arbres d'ornement de pleine terre*, de Aristide Dupuis, de 1878; *Culture et exploitation des arbres: études sur les relations et l'application des lois naturelles de la création des conditions climatériques et des principes de la physiologie végétale comparée, avec les conditions normales d'existence, de propagation, de culture et d'exploitation des arbres isolés ou en massif*, de Antonin Rousset, de 1882; e *L'art de greffer les arbres, arbrisseaux et arbustes fruitiers, forestiers, etc.*, de Charles Baltet, também de 1882.

Há proeminentes autores dedicados à vegetação ornamental que estão bem representados por vários títulos. Deles, Frederico de Albuquerque extraía ideias e referências para seus artigos e mesmo providenciava para que fossem parcialmente traduzidos e veiculados na *Revista de Horticultura*, conforme veremos adiante e no próximo capítulo. Um desses profissionais é Édouard André, que se faz presente também com o livro

Les plantes de terre de bruyères: description, histoire et culture des rhododendros, azalées, caméllias, bruyères, épacris, etc. et des principaux genres d'arbres, arbustes, arbrisseaux et plantes vivaces de plein air ou de serre que l'on cultive em terre de bruyère, uma primeira edição, de 1864. Outro é Pierre Joigneaux (1815-1892), jornalista, político, agrônomo e autor da lei que criou a École Nationale d'Horticulture de Versailles, em 1873, de quem o paisagista gaúcho possuía o *Dictionnaire d'agriculture pratique: comprenant tout ce qui se rettrache a la grande culture, au jardinage, a la culture des arbres et des fleurs, a la médecine humaine et vétérinaire, a la botanique, a l'entomologie, a la géologie, a la chimie et a la mécanique agricole*, escrito em parceria com Charles Moreau, edição de 1854, em 2 volumes; e, também de Joigneaux, *Conférences sur le jardinage et la culture des arbres fruitiers*, possivelmente de 1870; e *Traité des graines: de la grande et de la petite culture*.

Escritor bastante frequente, tanto nas prateleiras restantes quanto nas citações textuais de Albuquerque, é Élie-Abel Carrière. Dele são os volumes raros *Les arbres et la civilization*, de 1860, em primeira edição; *Encyclopédie horticole*; *Entretiens familiers sur l'horticulture*, de 1860, em primeira edição; *Guide pratique du jardinier multiplicateur ou art de propager les végétaux par semis, boutures, greffes, etc.*, em segunda edição, posterior a 1862; *Pépinières*, de 1878; *Production et fixation des variétés dans les végétaux*, de 1865. Com outros autores, o botânico de Rio Grande buscou extrapolar o manancial oferecido por seus livros. Albuquerque tinha a sétima edição de *Le potager: jardin du cultivater*, de Charles Naudin, e tratou de se aproximar dele, discutindo conceitos e experiências por meio de cartas e intercambiando sementes e mudas.

Os livros constituíram uma porta de entrada para que Frederico de Albuquerque se mantivesse em dia com o mundo dos jardins e das plantas ornamentais na França. Contudo, não foram os únicos meios impressos a que ele pôde recorrer para atingir esse objetivo. Tão importante quanto os volumes reunidos em sua biblioteca foi a leitura sistemática da *Revue Horticole*.

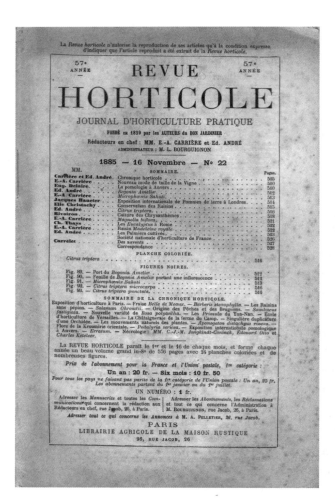 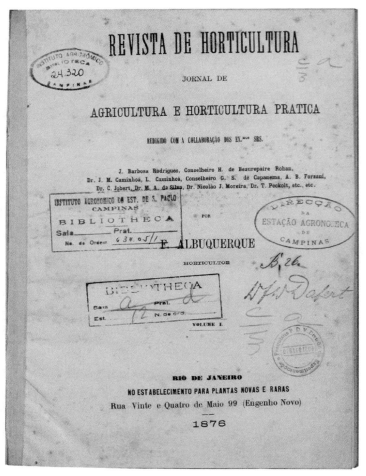

Folha de rosto da *Revue Horticole,* publicada em Paris; e da *Revista de Horticultura,* de Frederico de Albuquerque, publicada no Rio de Janeiro.

Revista de Horticultura

Editada pela Librairie Agricole de la Maison Rustique, em Paris, a *Revue Horticole* surgiu em 1829 por iniciativa de Antoine Poiteau (1766-1854), responsável pelos viveiros do palácio de Versalhes e jardineiro-chefe do castelo de Fontainebleau, e Philippe-André de Vilmorin (1776-1862), idealizador do arboreto de Barres, estação hortícola situada em Nogent-sur-Vernisson, que fez fama por aclimatar inúmeras árvores e arbustos exóticos. A revista integrava o trio central de periódicos oitocentistas europeus direcionados à horticultura, figurando ao lado do semanário inglês *Gardener's Chronicle*, fundado em 1841 por Joseph Paxton (1803-1865), Charles Wentworth Dilke (1810-1869), John Lindley (1799-1865) e William Bradbury (1800-1869); e do mensário belga *L'Illustration Horticole*, iniciado em 1854 por Ambrosius Verschaffelt (1825-1886) (Allain, 2002, p. 2).

Foi principalmente na *Revue Horticole. Journal d'Horticulture Pratique* que Albuquerque buscou inspiração para elaborar sua *Revista de Horticultura – Jornal de Agricultura e Horticultura Prática*, impressa, a partir de 1876, pela Typographia Universal de E. e H. Laemmert, no Rio de Janeiro. Além de adotar uma designação similar, o mensário de Albuquerque perseguia os mesmos objetivos do periódico francês, ajustando-os ao contexto brasileiro daquele momento. Esses propósitos estavam implícitos nas palavras com que o horticultor gaúcho explicava a que sua revista veio, logo na abertura do primeiro número, de janeiro de 1876. Albuquerque discorria que

> um jornal sem programma é uma cousa quase impossível; o nosso é simples, e deduz--se facilmente do nosso titulo: descrever as plantas novamente introduzidas entre nós, as pouco conhecidas, e ainda raras, juntamente com aquelas cuja introdução seja desejável, indicando ao mesmo tempo sua cultura; descrever ainda as plantas indígenas cuja cultura ou exploração se recommende por qualquer titulo; e pôr ao mesmo tempo os leitores ao corrente dos processos novos empregados por horticultores de outros paizes, tal é o fim a que nos propomos: tarefa que se antolha facil com a coadjuvação que nossos collaboradores nos promettêrão, e que se tornará facillima, se os muitos amadores e collecionadores de plantas, que existem entre nós, quizerem pôr-nos ao corrente de todos os factos novos e interessantes que tiverem ocasião de observar (Albuquerque, 1876b, p. 1).

Diagramação e seções

As referências mais evidentes à publicação francesa compareciam na proposta gráfica e na estrutura editorial da *Revista de Horticultura*. O mensário brasileiro adotava conceitos de diagramação simples e compacta, análogos aos empregados na edição francesa, dispensando largas margens em branco ou espaços excessivos entre os textos, para favorecer a inserção do maior número de notas e matérias ao longo de suas vinte páginas, no tamanho de 33 cm x 24 cm. Em linhas gerais, o padrão gráfico consistia na distribuição de duas colunas de textos por página e previa algumas variantes para acomodar ilustrações, geralmente poucas, destinadas aos artigos centrais e obtidas a partir da reprodução de gravuras em metal, que apresentavam espécimes vegetais completos ou detalhes de suas partes.

Seção "Chronique horticole", da *Revue Horticole*; e a "Chronica", da publicação de Albuquerque.

162 / Relações franco-brasileiras

Do mesmo modo que na *Revue Horticole*, cada número era iniciado com a seção "Chronica", que levava a assinatura do editor Frederico de Albuquerque. Reunindo geralmente notas curtas, essa coluna oferecia um rápido noticiário dos acontecimentos e das novidades nos cenários internacional e nacional da horticultura. A partir do número de janeiro de 1879, a seção foi deslocada para o fim da publicação e, nas edições seguintes, passou a chamar-se "Varia", deixando de ser constante. Na porção central da revista, compareciam matérias analíticas ou descritivas, longas ou curtas, que tratavam de assuntos diversos. Eram escritas por Albuquerque e seus colaboradores, ou retiradas da *Revue Horticole* e de outras publicações, conforme acordos e solicitações feitos pelo editor. Em posição variável a cada edição, a seção "Retratos de plantas novas" derivava de um modelo de coluna presente na *L'Illustration Horticole* e apontava, em registros curtos, as espécies botânicas recém-introduzidas que frequentavam as páginas da imprensa especializada estrangeira.

Em meio ao florescente periodismo brasileiro da época, a publicação de Albuquerque era uma empreitada singular e original. Pela primeira vez, uma revista nacional incluía, em sua linha editorial, a difusão contínua e sistemática de conhecimentos sobre a flora ornamental exótica e autóctone, escopo praticamente ausente mesmo em publicações técnicas anteriores, que veiculavam estudos mais ou menos abrangentes acerca de elementos do reino vegetal. As plantas de jardim passavam longe dos objetivos dos mais importantes periódicos brasileiros voltados às ciências naturais e agricultura, como, entre outros, o *Auxiliador da Indústria Nacional*, iniciado em 1833; a *Revista Agrícola do Imperial Instituto Fluminense de Agricultura*, em circulação em 1869; e os *Arquivos do Museu Nacional*, criados no mesmo ano da proposta de Albuquerque.

Assinaturas e leitores

As receitas necessárias à edição provinham apenas da venda de assinaturas, e não da soma dos recursos das subscrições e anúncios comerciais, como se dava na *Revue Horticole*. As assinaturas eram adquiridas diretamente com Albuquerque, escrevendo-se para sua caixa postal (nº 418), no Rio de Janeiro, ou por meio de representantes em ou-

Seção "Revue des plantes nouvelles", do mensário belga *L'Illustration Horticole*; e "Retratos de plantas novas", da publicação de Albuquerque.

tras cidades, caso de Américo, sócio do botânico gaúcho na filial de seu estabelecimento hortícola em Salvador (Américo, 1878a). Todavia, o grosso das subscrições partia do governo imperial, que encaminhava os exemplares para distribuição gratuita em todas as províncias, como estímulo à difusão de conhecimentos práticos de horticultura (*Correio Paulistano*, 1880). Embora contasse com esse respaldo financeiro obtido por intermédio do conselheiro Thomaz José Coelho de Almeida, ministro e secretário de Estado dos Negócios da Agricultura, Comércio e Obras Públicas, a revista não era um impresso oficial nem havia interferência direta das autoridades no editorial.

Qual era o público-alvo e qual o alcance do periódico de Albuquerque? A revista voltava-se para uma gama de leitores nacionais, formada tanto por leigos interessados em plantas quanto por técnicos em horticultura. Mas hoje é difícil mensurar quantos eram aqueles que se informavam em suas páginas, tendo em vista que nem mesmo se sabe o número aproximado de exemplares de sua tiragem. O certo é que a revista chegava de ponta a ponta do Brasil, atingindo, ao menos, as capitais e cidades com alguma importância na época. Essa circulação era testemunhada pelas missivas enviadas pelos leitores e reproduzidas no periódico. A maioria delas provinha de localidades geograficamente bem afastadas da capital imperial, onde ficava a redação do mensário. Contendo mensagens de incentivo, comentários, alertas ou pedidos de informação, as cartas começaram a ser estampadas a partir do número de abril de 1876, sendo a primeira remetida por Antônio Joaquim da Silva Valladares, de Porto Alegre. Nos anos seguintes, vieram as correspondências de F. F. de Lima Bacury, de Manaus; de Z. A., de Porto Alegre; de A. J. T. de Mendonça Belém, do Recife; de Geraldo Rezende, de Campinas; de Cerqueira Leite, de São Paulo; entre outras.

Em paralelo à circulação pelo território nacional, a *Revista de Horticultura* se fazia presente também no exterior. E são novamente cartas publicadas e aquelas pessoais, para Albuquerque, que permitem saber o alcance de seu periódico, recebido por profissionais destacados, em vários países da Europa e dos Estados Unidos. Um deles era o naturalista português José Duarte de Oliveira Júnior (1848-1927), cuja missiva figurou na edição de outubro de 1876. Apaixonado por floricultura, Oliveira foi um dos criadores e redator principal de um dos mais influentes mensários lusos de horticultura no século XIX – o *Jornal de Horticultura Prática*, escrito e impresso no Porto, a partir de 1870. Outro profissional que acompanhava a *Revista de Horticultura* e teve sua correspondência publicada (no número de setembro de 1877) foi o holandês E. H. Krelage. Horticultor dedicado às plantas ornamentais bulbíferas, Krelage pertencia a uma importante família de jardineiros e comerciantes especializados nessas espécies desde 1811, em Harleem.

Também o zoólogo norte-americano Spencer Fullerton Baird (1823-1887), especializado em ornitologia e ictiologia, recebia a publicação e mandou carta (veiculada na edição de julho de 1876), representando a Smithsonian Institution, de Washington. Entre 1850 e 1878, Baird foi secretário-assistente dessa entidade, então um dos centros de referência em história natural na América do Norte. De 1871 até seu falecimento, dirigiu o departamento de pesca do governo norte-americano. E legou importantes livros, como o *Catalog of North American Reptiles*, escrito em parceria com Charles Frédéric Girard (1822-1895); e o monumental *History of North American Birds*, em 5 volumes, redigido em coautoria com Thomas Mayo Brewer (1814-1880) e Robert Ridgway (1850-1929).

Em Paris, o periódico chegava às mãos do naturalista Albert Geoffroy Saint-Hilaire (1835-1919), que costumava trocar várias missivas com Frederico de Albuquerque, sendo que, na de maio de 1880, informou que a revista do horticultor gaúcho havia ganho um prêmio da Société Nationale d'Acclimatation de France. Albert era filho do zoólogo Isidore Geoffroy Saint-Hilaire (1805-1861), que fundara, em 1854, essa instituição, e também o Jardin d'Acclimatation du Bois de Boulogne, organizações-irmãs que atuavam em prol da introdução e aclimatação de novos animais e plantas, tendo em vista aproveitá-los para fins econômicos. Após o falecimento de Isidore, Albert deu prosseguimento à obra paterna, trabalhando nas duas entidades.

Incentivadores de peso

No frontispício de seu primeiro número, a *Revista de Horticultura* nominava o elenco de seus colaboradores principais. No grupo, estavam os conselheiros Henrique Pedro Carlos de Beaurepaire Rohan, Nicolau Joaquim Moreira, Joaquim Monteiro Caminhoá,

Clément Jobert, M. A. da Silva, o conselheiro Guilherme Schüch de Capanema, Luiz Monteiro Caminhoá, A. B. Forzani, Theodoro Peckolt e João Barbosa Rodrigues – sendo, os cinco primeiros, nomes de expressão na administração imperial ou na comunidade científica nacional, que chancelavam a qualidade e a seriedade da publicação. Estavam mais para incentivadores do que propriamente redatores, tendo em vista que em nenhuma edição escreveram artigos assinados.

Conselheiro de guerra em 1876, Henrique de Beaurepaire Rohan (1812-1894) era um engenheiro militar interessado nos avanços das ciências naturais. Formado pela Academia Militar do Rio de Janeiro, em 1843, sua folha de serviços prestados ao Império era considerável, aí se destacando, por exemplo, sua atuação como diretor de obras municipais do Rio de Janeiro, em 1843. Mais jovem, Nicolau Joaquim Moreira (1824-1894) era um proeminente estudioso e incentivador da agricultura. Em 1847, doutorou--se pela Faculdade de Medicina do Rio de Janeiro e, em 1859, tornou-se membro da Academia Imperial de Medicina. Ingressou no Museu Nacional, em 1872, onde conheceu e, posteriormente, trabalhou com Frederico de Albuquerque, chegando à chefia da seção de botânica, entre 1876 e 1883. Presidiu a Sociedade Auxiliadora da Indústria Nacional e a Associação Brasileira de Aclimação. Futuro diretor do Jardim Botânico do Rio de Janeiro, entre 1883 e 1887, foi autor do *Diccionario de plantas medicinaes brasileiras* (1862) e do *Manual de chimica agricola* (1867), e coautor do *Cathecismo de agricultura* (1870), entre outros títulos de sua extensa produção bibliográfica (Lima, 2005, pp. 47-53). Também médico por formação, Joaquim Monteiro Caminhoá (1836-1896) graduou-se pela Faculdade de Medicina da Bahia em 1858 e notabilizou-se como especialista em plantas medicinais. Foi lente de botânica e zoologia da Faculdade de Medicina do Rio de Janeiro, entre 1871 e 1881; um dos fundadores da Associação Brasileira de Aclimação; e fértil escritor, que assinou, por exemplo, *Elementos de botânica geral e médica* (1871). O francês Clément Jobert era um profissional do Muséum d'Histoire Naturelle, que então lecionava na Escola Politécnica do Rio de Janeiro. Em 1877, obteve auxílio financeiro do governo brasileiro para uma expedição à Amazônia e, três anos depois, publicou os resultados desse trabalho no *Bulletin de la Société Philomatique*. No período de 1873 a 1891, figurava entre os principais colaboradores na formação do herbário do Museu Nacional (Lopes, 1997, pp. 166-167, 169-170).

Elenco de colaboradores

Os demais nomes apresentados na folha de rosto eram os que, de fato, escreviam na revista, embora suas matérias fossem circunstanciais e sem regularidade nas edições. Personagem influente na Corte, o conselheiro Guilherme Schüch de Capanema (1824-1908), na edição de abril de 1877, redigiu a matéria "Agricultura. Extinção da formiga saúva", que discorria sobre um formicida inventado por ele. Engenheiro, geólogo e naturalista amador, Capanema era um dos agentes que militava pelo aumento do apoio governamental ao trabalho dos pesquisadores brasileiros (e não apenas dos cientistas estrangeiros) na investigação da flora e fauna nacionais. Foi o principal encorajador e mecenas da trajetória de João Barbosa Rodrigues, defendendo-o, desde o início da sua carreira, de suspeitas e maledicências levantadas por Ladislau Netto. Capanema formou-se na Escola Politécnica de Viena e doutorou-se em matemática e ciências na Escola Militar do Rio de Janeiro. Foi professor de mineralogia da Escola Central do Rio de Janeiro e responsável pela instalação da primeira linha de telégrafos no país. Partidário da existência da revista desde seus primeiros passos, Capanema era respeitado e estimado por Frederico de Albuquerque. Esse reconhecimento transparecia na calorosa nota informando sobre um prêmio outorgado, na França, ao conselheiro. Em sua coluna "Chronica", no número de novembro de 1878, o editor comentava:

> Justa recompensa – Ao Sr. Conselheiro Capanema foi conferida, na sessão magna da Sociedade de Acclimação de Pariz, que teve lugar em 14 de junho ultimo, uma grande medalha de prata com a effigie de Geoffroy Saint-Hilaire, como recompensa *hors classe* pelos numerosos serviços que tem prestado, tanto no Brazil como na Europa, á causa da acclimação. Entre as numerosas distinções que o Sr. Conselheiro Capanema tem já recebido, pensamos que esta deve ser-lhe uma das mais gratas (Albuquerque, 1878, p. 202).

Já o engenheiro agrônomo e professor Luiz Monteiro Caminhoá (1842-1886), irmão mais novo de Joaquim, produziu três artigos sobre vegetais úteis, como aspargos (*Asparagus officinalis* L.), veiculados, respectivamente, nos números de abril de 1876, fevereiro e março de 1878. O farmacêutico A. B. Forzani preparou o texto "Pequeno curso de botânica para uso de agricultores e horticultores", publicado em

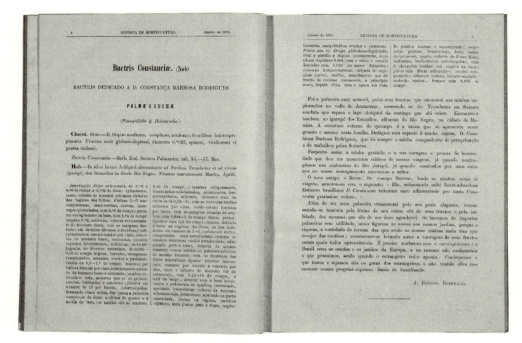

Artigo "Bactris constanciae", de Barbosa Rodrigues, incluído na *Revista de Horticultura*, de janeiro de 1876.

cinco partes, nas edições de novembro e dezembro de 1876, e maio, julho e outubro de 1877.

Botânico e farmacêutico alemão especializado em vegetação medicinal, Theodoro Peckolt (1822-1912) veio para o Brasil em 1847, com o intuito de empreender uma temporada de estudos sobre a flora local e proceder coletas para a obra *Flora brasiliensis*, de Karl Friedrich Von Martius (1794-1868). Mas acabou modificando seus planos e radicou-se no país. Fez viagens (pelas províncias do Espírito Santo, Minas Gerais e Rio de Janeiro) que lhe permitiram reunir mais de três mil espécies da Mata Atlântica, algumas desconhecidas pela ciência. A partir de 1861, seu trabalho ganhou notoriedade entre os cientistas brasileiros, após sua participação na Exposição Nacional do Rio de Janeiro. E, no ano seguinte, despertou a atenção da comunidade internacional, ao ter suas pesquisas premiadas com medalha de ouro na Exposição Universal de Londres. Entre 1868 e 1912, dirigiu o laboratório de química do Museu Nacional e escreveu mais de uma centena de trabalhos, entre os quais os livros *Análise de matéria médica brasileira* (1868) e *História das plantas alimentares e de gozo do Brasil* (1871), cujo exemplar de Frederico de Albuquerque sobreviveu na Poli-USP, e também os artigos "A horticultura em relação com a botânica e a chimica" e "Sobre a importância dos jardins de acclimação", incluídos, respectivamente, nos números de janeiro e junho de 1876 da *Revista de Horticultura* (Hoehne; Kuhlmann & Handro, 1941, pp. 145-157).

Barbosa Rodrigues

O colaborador mais ativo da *Revista de Horticultura* foi, de longe, João Barbosa Rodrigues (1842-1909), que assinou oito artigos distribuídos pelos números de janeiro, fevereiro e março de 1876, fevereiro, agosto e outubro de 1877, fevereiro e setembro de 1878. À época de sua participação no mensário, Barbosa Rodrigues era um botânico iniciante autodidata, que batalhava para demonstrar os méritos de seu trabalho. Ainda distante de ser aclamado, na passagem para o século XX, como uma das autoridades brasileiras em história natural e um dos principais diretores do Jardim Botânico do Rio de Janeiro, ele surgiu, em 1870, aos olhos da comunidade científica da capital imperial com um amplo estudo sobre orquídeas autóctones. Mas a recepção não foi das melhores, a começar da parte de Ladislau Netto, o então chefe da seção de botânica do Museu Nacional, que pôs em dúvida a capacidade de um "amador" realizar estudo de tal envergadura e, diante da celeuma instalada, minou a intenção de Barbosa Rodrigues de auferir recursos estatais para a edição da obra. Assim começaram as animosidades entre os dois, envolvendo também o conselheiro Guilherme de Capanema, que incentivava e dava respaldo financeiro à atividade do botânico autodidata (Sá, 2001).

Entre 1872 e 1875, por intermédio de Capanema, Barbosa Rodrigues realizou, a expensas do Império, uma incursão oficial de estudos pelo vale do rio Amazonas. Na volta, alguns dos resultados dessas pesquisas figuraram nas páginas da *Revista de Horticultura*, na forma de diagnoses sobre palmeiras. Em 1877, Barbosa Rodrigues conseguiu iniciar a edição de sua enciclopédia sobre orquídeas – *Genera et species orchidea-*

rum novarum –, cujo lançamento do primeiro volume foi noticiado por Albuquerque no número de fevereiro de 1878. Mas a publicação completa de suas observações sobre palmeiras, reunidas no *Sertum palmarum*, ainda demoraria um bom tempo para vir à luz, mesmo com Frederico de Albuquerque fazendo campanha (na edição de abril de 1879 da revista) para que, em razão da indiferença do Estado, os leitores subscrevessem o livro.

Esse respaldo profissional era mútuo, confirmando-se, por exemplo, quando Barbosa Rodrigues nomeou uma nova espécie em homenagem a Albuquerque – a *Sinningia albuquerqueana* (talvez a atual *Paliavana schiffneri* (Fritsch) Handro, coletada por Alburquerque no Rio Grande do Sul, segundo o botânico Allan Carlos Pscheidt). Na diagnose "Gesneriaceae Nees. ab Esemb.", veiculada na edição de fevereiro de 1878 (pp. 38-39), Barbosa Rodrigues registrava que

> a espécie em questão, muito notável como planta de ornamento, me foi communicada pelo horticultor Frederico de Albuquerque que a descobrio no Rio de Janeiro e, depois de muitos annos de cultura, conseguiu vê-la florescer agora.

> Considerando-a nova dei-lhe nome específico o de seu descobridor, *Albuquerque*, a quem se deve a introdução de muitas plantas exóticas, e que tem procurado despertar o gosto pela horticultura no paiz com a publicação da sua *Revista de Horticultura* (Barbosa Rodrigues, *apud* Albuquerque, 1878, pp. 38-39).

No entanto, a origem desse apoio recíproco não era casual e deve estar relacionada à superação de dificuldades e preconceitos que, desde anos anteriores ao trabalho conjunto na publicação, ambos sofreram por seu autodidatismo. Ladislau Neto também desconfiava da falta de credenciais universitárias de Albuquerque e, quando cresceu seu poder no Museu Nacional, tratou possivelmente de demiti-lo ou criar condições para um pedido de demissão. O certo é que Frederico de Albuquerque e Barbosa Rodrigues não se intimidaram e somaram forças, inclusive com outros dissidentes daquela instituição, para criar um espaço próprio, original e vibrante de debate de suas ideias – as folhas impressas da *Revista de Horticultura*.

Redator principal

Na prática, havia um grupo de colaboradores mais amplo, tendo em vista que Frederico de Albuquerque solicitava e recebia artigos de profissionais tanto do Brasil quanto do exterior. Contudo, a função de redator principal era desempenhada por ele, em paralelo às responsabilidades de editor. O botânico gaúcho escrevia as seções "Chronica", que vez por outra incluía um editorial, e "Retratos de plantas novas". Elaborava matérias que seriam o carro-chefe das edições, optando por assiná-las ou não. Produzia artigos secundários e notas sobre exposições e eventos hortícolas, usando em certas ocasiões pseudônimos, como Hortulano. E fazia ainda resenhas de livros e revistas e traduções, dominando bem o francês e o inglês.

A maior parte dos escritos de Albuquerque estava dedicada à vegetação ornamental e ao paisagismo. Fossem descritivos ou analíticos, eles tratavam de disponibilizar informações, fomentar debates e atualizar o público nacional sobre o que havia de relevante no campo da horticultura ornamental no país e, sobretudo, no estrangeiro. No contexto brasileiro, essa iniciativa representava uma das primeiras ações sistemáticas, regulares e ágeis de abordagem das temáticas relacionadas às plantas ornamentais e jardins. Para reforçar o que isso significava na segunda parte da década de 1870, basta lembrar que existia um vazio quase completo no segmento de impressos nacionais voltados à horticultura ornamental, fossem livros ou mensários, numa situação bem diferente daquela vivida por grandes centros internacionais de horticultura na época, como a França e a Inglaterra. Entre as raras exceções, no formato de livro, havia o *Guia do jardineiro, horticultor e lavrador brasileiro ou tratado resumido e claro acerca da cultura das flores, hortaliças, legumes e cereaes*, de Custodio de Oliveira Lima, editado por Eduardo e Henrique Laemmert, em 1853. Mas no tocante às revistas brasileiras de história natural e ciências aplicadas, fossem ativas ou já desaparecidas, é fácil verificar que nenhuma destinava atenção contínua em seus números para as temáticas hortícolas privilegiadas por Albuquerque.

Francofilia editorial

As referências à cultura paisagística da França eram constantes nas páginas da *Revista de Horticultura*, a começar pelos textos mais longos de seu editor-redator. Frederico de Albuquerque não apenas conhecia o que existia de mais expressivo na produção bibliográfica francesa da época, mas a citava textualmente em suas matérias, fossem ou não assinadas. Isso se confirmava no artigo "Chamaerops excelsea" estampado nas páginas 33 e 34, da edição de fevereiro de 1876. Em meio à apresentação dessa palmeira originária da China, o horticultor gaúcho sublinhava uma incomum capacidade regeneradora da espécie, transcrevendo informações de Élie-Abel Carrière (1818-1896). Dizia que

> O *Chamaerops excelsea* forneceu ultimamente na Europa um desses casos de observação, que vem em poucos instantes desmoronar as theorias mais laboriosamente construídas, e que é rebatido pelo Sr. Carrière (*Revue Horticole*, 1874, p. 323) pela seguinte maneira: "O frio excessivo de 1869-1870 matou, em uma propriedade do Sr. Serais, em Rennes, dous grandes exemplares de *Chamaerops excelsea*, que forão cortados rente ao chão, para não estragar as plantas que os rodeiavão; depois do que, alguns vegetaes forão plantados para esconder a falta. Cria-se os dous *Chamaerops* perfeitamente mortos, quando depois de algum tempo vio-se apparecer do centro do caule de cada um, um broto vigoroso, de modo que presentemente o mal está quase reparado: as duas palmeiras existem, e apenas são menores do que outr'ora" (Albuquerque, 1876b, pp. 33-34).

Redator-chefe da *Revue Horticole*, Carrière era um importante horticultor francês que conciliou a atividade prática à editorial. Chegou ao posto de jardineiro-chefe dos viveiros do Muséum d'Histoire Naturelle, em Paris, especializou-se em coníferas e foi um dos mais influentes editores da *Revue Horticole*. Fértil escritor, legou uma produção textual que extrapolou as páginas desse mensário francês, incluindo também diversos livros, caso de *Entretiens familiers sur l'horticulture* (1860), *Guide pratique du jardinier multiplicateur* (1862), *Production et fixation des variétés dans les végétaux* (1865) e *Encyclopédie horticole* (1880), presentes na biblioteca de Frederico de Albuquerque, conforme já visto. Além de citar Carrière, o paisagista de Rio Grande providenciou a tradução e a inclusão de alguns escritos dele na *Revista de Horticultura*, como as matérias "Ceropogia gardnerii", "Bilbergia chantini" e "Aphelandras", respectivamente nos números de fevereiro de 1876, novembro de 1878 e abril de 1879.

Outro exemplo de menção ao trabalho de autor francês comparecia no artigo "Stapelias", publicado no número de maio de 1877. Nele, Frederico de Albuquerque reproduzia comentários de Charles Antoine Lemaire (1801-1871), extraídos de *Les plantes grasses autres que les cactées* (1869), para explicar peculiaridades e chamar a atenção para o potencial hortícola desse gênero:

> No estado de botão, as flores das *Stapelias*, mais ou menos globulares, contêm uma grande quantidade de ar, que ao desabrochar da flôr se escapa com explosão; o Sr. Ch. Lemaire no seu interessante livro *Les Plantes Grasses* diz a esse propósito: "Vimos e ouvimos muitas vezes, facto que não foi ainda citado por outro autor algum, estes botões abrirem-se, sob a influencia de um sol matinal, com ruído seco semelhante ao de pequenos ballões de papel que os meninos fazem e arrebentão com um soco." [...]

> Finalisando, acabaremos como o Sr. Lemaire ao tratar das *Stapelias* na obra citada: "Leitores amigos, collecionai as *Stapelias* e ficareis agradecidos ao autor por este conselho" (Albuquerque, 1877b, pp. 91-92).

Deixando de lado, pela botânica, uma carreira de professor de literatura clássica, Lemaire especializou-se no estudo de plantas suculentas e cactáceas e, paralelamente, dedicou-se à edição de importantes mensários de horticultura. A partir de 1835, foi editor e redator das revistas francesas *Jardin Fleuriste* e *L'Horticulteur Universel*. Dez anos depois, mudou-se para Gand, na Bélgica, a fim de assumir a edição de *Flore des serres et des jardins de l'Europe*, criada por Louis Van Houtte (1810-1875). Passou a editor da *L'Illustration Horticole*, em 1854, e nesse cargo permaneceu por dezesseis anos. Foi responsável por extensa produção bibliográfica, aí se destacando *Cactearum aliquot novarum* (1838), *Cactearum genera nova speciesque novae* (1839) e *Iconographie descriptive des cactées* (1841-1847) (André, 1871, pp. 120-121).

A francofilia de Albuquerque também esteve expressa na matéria "Cannas", da edição de junho de 1877 (pp. 109-111), na qual explanava que esse gênero fora abordado pela primeira vez por Joseph Decaisne e Charles Victor Naudin (1815-1899), em seu

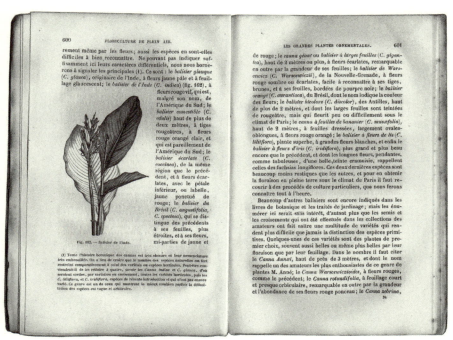

Capa e verbete sobre as espécies de canas, do *Manuel de l'amateur des jardins*, de Decaisne & Naudin – dois dos vários estudiosos franceses lidos e citados por Albuquerque.

Manuel de l'amateur des jardins: traité général d'horticulture. Dessa obra de referência em quatro volumes, publicada entre 1862 e 1871, o editor gaúcho transcrevia recomendações de uso e estratégias de plantio:

> O porte airoso, a folhagem bella, o talhe elevado, as flôres brilhantes, finalmente a rusticidade das *Cannas*, as indicão naturalmente para a ornamentação dos jardins de certa extensão, e especialmente para os jardins públicos; e em verdade o favor do publico não lhes tem faltado. Ora são plantadas em tufos isolados, ora em grandes massas no centro das cestas de flores, ou á beira dos canteiros e dos grammados (Albuquerque, 1877b, p. 109).

Na parte final do artigo, Albuquerque fazia uma síntese das espécies convenientes para os jardins, conforme as indicações dos dois botânicos franceses:

Folhas de papel / 175

As espécies botânicas que formão o gênero *Canna* são numerosas, e geralmente difíceis de serem distinguidas entre si; em quase sua totalidade, ellas são originarias da América do Sul, e algumas da Índia; os Srs. Decaisne e Naudin pensão que ellas poderião ser reduzidas a quatro, a saber: a *Canna indica* originaria da América do Sul, ainda que o seu nome pareça lhe indicar a Índia como pátria, com flores vermelhas e flores arroxadas, e a *C. glauca*, oriunda da Índia, com folhas glaucas e flores amarellas, das quaes terião sahido as innumeras variedades que povoão os jardins; a *C. liliflora*, grande e soberba espécie de flores brancas; finalmente a *C. iridiflora* do Peru, que passa pela mais bonita de todo o gênero, com suas flores grandes, tubulares, pendentes, de uma bonita cor de carmim (Albuquerque, 1877b, p. 111).

Na época da edição do *Manuel de l'amateur des jardins*, Naudin era assistente de Decaisne no Muséum d'Histoire Naturelle, em Paris. Havia ingressado na entidade em 1848, como naturalista-auxiliar, após trabalhar com Auguste de Saint-Hilaire (1779-1853) na publicação de seus estudos sobre a flora brasileira. A partir de 1854, chegou ao posto de supervisor de culturas. Em 1863, tornou-se membro da Académie des Sciences. Mudou-se para os Pirineus em 1872, a fim de desenvolver um centro de aclimatação em sua propriedade de Collioure. Em 1878, assumiu a direção do jardim botânico da Vila Thuret, em Antibes. Além de responder pela introdução de várias espécies exóticas na França, Naudin tornou-se reconhecido especialista em hibridações e aclimatação, sendo autor, entre outros escritos, do *Manuel de l'acclimateur* (1888).

Noticiário dinâmico

A "Chronica" era outra parte da revista que continha frequentes menções à França, informando sobre acontecimentos recentes e significativos no cenário hortícola desse país, embora não pretendesse ser uma coluna de variedades exclusivamente francesas. Essa seção noticiava de tudo um pouco que ocorria no contexto da horticultura francesa, apresentando notas sobre aprimoramento vegetal, comércio de flores, arborização urbana, expedições botânicas, exposições de plantas, premiações, congressos de botânica,

As margens do Sena eram um dos centros efervescentes do comércio de flores na Paris da segunda metade do século XIX.

Folhas de papel / 177

novas publicações, venda de livros, necrológios, tapeadores franceses à solta pelo Brasil, entre outros assuntos.

Logo na primeira "Chronica" que escreveu, para o número de janeiro de 1876, Frederico de Albuquerque pôs em relevo um ensaio acerca de proteção de sementes, empreendido por horticultores de Orléans. Comentava que a Transon Frères obtivera êxito no tratamento, com zarcão diluído em água, de sementes de casca dura, para, no momento da plantação, repelir o ataque de pássaros, roedores e insetos (Albuquerque, 1876b, p. 2).

Todavia, no decorrer das edições, houve uma contínua diversificação das temáticas, apesar de algumas, por seu significado na época, retornarem mais vezes do que outras. A efervescência do mercado de flores era um desses assuntos que de tempos em tempos reaparecia. E isso era facilmente explicável: a França não somente detinha um dos principais mercados internos de consumo e produção de flores e plantas ornamentais, como também figurava entre os maiores centros exportadores desses recursos. Em Paris, o comércio assombroso de apenas uma espécie estava bem ilustrado numa notícia impressa no número de maio de 1876. Nela o editor registrava que

Vende-se diariamente em Paris 15,000 bouquets de violetas, valendo anualmente mais de 500,000 francos; durante o Império ellas estavão ainda mais na moda, pois a violeta é considerada por muita gente como o emblema da família Bonaparte. O numero de pessoas que vivem desse commercio, e da cultura de violetas nos arredores de Paris, é avultado (Albuquerque, 1876b, p. 83).

Na edição de novembro de 1876, também havia uma nota que dava conta das altas somas arrecadadas com a venda de ramalhetes de flores na capital francesa, às vésperas de uma festividade importante. Só para se ter uma ideia, o valor representava mais de 384 vezes a quantia mensal que o Estado brasileiro concedia para a produção da *Revista de Horticultura*. No fundo, Albuquerque deixava entrever que o comércio de flores já era tão ou mais rentável que outras atividades econômicas na França. Contabilizava que "no dia 25 de Agosto ultimo, fôrão vendidas em Pariz flores cortadas por um valor superior a cem contos de réis, para a festa de S. Luiz, que teve logar no dia seguinte" (Albuquerque, 1876b, p. 206).

Não paravam aí os comentários que buscavam explicar e quantificar numericamente os avanços hortícolas em curso no território francês. Na edição de setembro de 1877, o botânico gaúcho dava a conhecer que a França estava se tornando um gigante internacional na produção de novas variedades de roseiras, desbancando inclusive antigos rivais nesse ramo.

> Lyon é o grande centro do commercio de rosas em França: Guillot Fils, Gonod, Lacharme, Levet, Liabaud, Schwartz, e muitos outros, são roseiristas conhecidos em todo o mundo; Lyon exporta annualmente de 700,000 a 1.000.000 de roseiras, cujo preço, para as variedades antigas, varia de 50 centimetros a 1,50.

> A maior parte das novas variedades de rosas tem sido obtida em França; segundo o Sr. Shirley Hibberd, a Inglaterra em 1864 recebeu 22 novas variedades de rosas obtidas em França, 68 em 1865, 51 em 1866, 63 em 1867, 70 em 1868, 27 em 1869, 75 em 1870, 66 em 1872, 43 em 1873, 14 em 1874, 55 em 1875, 14 em 1876 e 38 em 1877, emquanto no mesmo período de tempo os roseiristas inglezes obtiverão 2 em 1864, 4 em 1865, 4 em 1866, 3 em 1870, 8 em 1872, 2 em 1873, 6 em 1874, 13 em 1876 e 2 em 1877: 536 variedades francezas para 44 inglezas (Albuquerque, 1877b, pp. 162-163).

Mas não só de flores se fazia o cotidiano da nação francesa, que se esmerava igualmente no enverdejar boa parte de suas cidades com o plantio de árvores nas ruas, seguindo o exemplo de Paris. Apresentando um balanço dos números atingidos na arborização da capital, Albuquerque narrava, na edição de julho de 1877:

> As primeiras arvores plantadas nas ruas e praças de Pariz fôrão-no por ordem de F. Miron, administrador das obras publicas no reinado de Henrique IV: Miron começou fazendo plantar uma extensão de 6,000 pés, e pagando do seu bolso um terço da despeza. Atualmente Pariz possue plantadas nos Boulevards exteriores 11,411 arvores, nos Boulevards interiores 91,137, nos caes 4,706, nas avenidas 6,872, nas praças 3,569, nas ruas 1,864, nos Campos Elyseos 9,555, na Esplanada dos Inválidos 2,040, ao redor dos matadouros 1,510, juntos aos celeiros 984, cemitérios 3,826, nos jardins das escolas publicas 1,130 (Albuquerque, 1877b, p. 123).

Publicações e obituários

Vez por outra também apareciam, na "Chronica", notícias sobre novas revistas, livros e bibliotecas postos à venda na França. Na edição de outubro de 1876, Albuquerque avisava que em breve iria a leilão a biblioteca de Adolphe-Théodore Brongniart (figura proeminente do Muséum d'Histoire Naturellle e da Académie des Sciences, e ex-professor de Glaziou) e explicava como proceder para dar lances:

> Recebemos o catalogo dos livros de historia natural pertencentes ao Prof. Brongniart, há pouco fallecido, e que devem ser vendidos em leilão nos dias 4 e 5 de Dezembro próximo. A biblioteca foi repartida em 2,480 lotes diversos, dos quaes a grande maioria consta de obras de botânica. A venda será apregoada por M. Audion, nomeado perito, e ao qual os interessados de qualquer parte do mundo poderão mandar suas ordens e limites. As ordens deverão ser remettidas a M. E. Deysolle fils, naturaliste, 23 rue de la Monnaie, Pariz (Albuquerque, 1876b, p. 188).

No número de fevereiro de 1877, o editor informava o surgimento de um novo mensário francês de horticultura, com uma linha editorial dedicada a somente um gênero botânico, que usufruía enorme prestígio na época: "O Sr. S. Cochet, horticultor em Suisne, no departamento do Seine-et-Marne, França, começou a publicar um jornal dedicado especialmente aos cultores da rainha das flores, cuja redação foi confiada ao Sr. Camillo Bernardin, presidente de várias sociedades de roseiristas: *Journal des Roses* chama-se o novo órgão de publicidade" (Albuquerque, 1877b, p. 21).

Afora notas sobre impressos, a "Chronica" reservava espaço para falar de destacados personagens franceses já falecidos. Na edição de outubro de 1877, havia um comunicado sobre o desaparecimento de Jean-Emmanuel-Marie Le Maout (1799-1877). Médico diplomado em 1842, Le Maout trilhou a carreira de botânico, dividindo seu tempo entre o ensino de ciências naturais e a redação de livros diversos, e importantes, entre os quais *Les trois règnes de la nature Tournefort, Linné, Jussieu* (1851), *Flore élémentaire des jardins et des champs* (1855) e *Traité général de botanique* (1867), em coautoria com Decaisne, este bem conhecido de Albuquerque e de sua geração, como o próprio horticultor gaúcho atestava (Albuquerque, 1877b, p. 181).

Artigo sobre rododendros, de Édouard André, cuja publicação teve início no número de fevereiro de 1878 da *Revista de Horticultura*.

As montanhas da Asia Menor, a Hespanha e Portugal nos tinhão fornecido o *Rh. Ponticum*; nos Carpathos, no Tyrol, em algumas montanhas da Baviera e da Allemanha tinha sido descoberto o *Rh. chamœcistus*, emquanto os *Rh. Dahuricum* e *Rh. Lapponicum*, tinhão sido encontrados perto do gêlo eterno do polo Norte, na Siberia e na Laponia.

O *Rh. maximum* era então ainda o unico representante do genero, entre as producções da America do Norte.

Um pouco mais tarde, em 1796, Pallas nos fazia conhecer um Rhododendron de flôres amarellas, o *Rh. chrysantum*, oriundo da Siberia, e Gmelin trazia o *Rh. Kamtchaticum*, de um paiz mais longinquo, e ainda mais frio.

Pela mesma época, o capitão Handwicke encontrava nas grandes montanhas da India o *Rh. arboreum*, até então o mais bello conhecido. Infelizmente elle não pudera introduzir a planta, ficando reduzido tão sómente a amostras de hervario.

Em 1803 appareceu o *Rh. caucasicum*, das montanhas do Caucaso, o *Rh. catawbiense*, da Carolina; em 1811 o *Rh. Purshii* igualmente da America do Norte; em 1815 o *Rh formosum* do Dr. Wallich, planta indianna de um aspecto notavel; em 1826, o *Rh. campanulatum*, e emfim, em 1827, a mais bonita especie desta serie de introducções, o *Rh. arboreum*, remettido pelo Dr. Wallich.

Ao depois dessa época fertil em descobertas, alguns annos de parada consentirão á sciencia horticola o laser de dotar nossas culturas com um numero immenso de variedades e de hybridos desta bella planta; e bem depressa apparecêrão muitas centenas de productos hybridos, muito superiores aos typos que lhes havião sido origem.

O primeiro Rhododendron das ilhas da Sonda o *Rh. javanicum*, trazido em 1846, devia ser seguido por outras introducções muito mais importantes do que aquellas que acabamos de relatar.

Fig. 16.— **Rhododendron Dalhousiæ**.

O Sr. Hugh Low, explorando em 1846 a ilha de Borneo, encontrou grande numero de especies, muitas das quaes fôrão remettidas para a Europa. Essas especies tinhão, juntamente com todos os caracteres essenciaes dos Rhododendrons, um aspecto completamente desusado, tanto no porte como na inflorescencia.

Em 1848 porém o Sr. Joseph Dalton Hooker, distincto botanico (*), recolheu em uma unica viagem á India, ao Sikkim-Hymalaya, um numero de especies de Rhododendrons maior do que tudo quanto todas as descobertas anteriores reunidas tinhão produzido. Trinta especies, (**) cujas sementes tivera o cuidado de colher, fôrão remettidas para a Europa, e semeadas immediatamente na Inglatera, e em varios pontos do continente. Ao mesmo tempo uma magnifica publicação reproduzia os desenhos dessas plantas, quasi todas tão

(*) Actualmente Sir Hooker director dos jardins de Kew.
(**) Entre elles o magnifico Rhododendron de lady Dalhousie (*Rh. Dalhousiæ*) representado pela nossa gravura (Est. 16) uma das mais bonitas especies do genero, com suas grandes flôres brancas, ás vezes levemente coloridas de roseo, que embalsamão a atmosphera com um delicioso aroma de flôres de larangeiras. R. H.

Édouard André

Mas a "Chronica" tratava bem mais de profissionais vivos e atuantes. Contudo, nenhum outro botânico e paisagista francês recebeu tanta deferência da parte de Albuquerque quanto Édouard André (ver os dois capítulos iniciais). Isso pode ser medido pelas várias notícias acerca de sua expedição científica pelo extremo norte da América do Sul, além de traduções de escritos seus – caso de duas matérias sobre o gênero *Rhododendron* e uma sobre gramíneas para terrenos secos –, incluídas, respectivamente, nas edições de fevereiro e março de 1878 e julho de 1879. Frederico de Albuquerque nutria um vivo interesse pelo trabalho de André, acompanhando-o especialmente por meio da *L'Illustration Horticole* e de livros, como *Plantes de terre de bruyère*, que fazia parte de sua biblioteca original. A primeira nota sobre a atividade de André saiu na edição de março de 1876 e dizia: "O redactor da Illustration Horticole, o Sr. Ed. André, partio com effeito para a América equatorial, em principio de Novembro último, com o fim de explora-la botânica e horticulamente; a Colombia, o Equador, o Peru e o Brasil serão sucessivamente explorados" (Albuquerque, 1876b, p. 44).

Três números depois, outra notícia dava conta de que André estava entre os rios Meta e Guaviare, região colombiana, e seu primeiro lote de plantas coletadas havia chegado às mãos de Jean Linden, em Gand, Bélgica (Albuquerque, 1876b, p. 106). É interessante relembrar que Linden foi o mesmo viveirista para quem Charles Pinel trabalhava. Na edição de dezembro de 1876, havia um novo comentário sobre a volta de André à Europa, portando boas coleções de plantas vivas e exsicatas, e dando conta da retomada de seu trabalho à frente da *L'Illustration Horticole* (Albuquerque, 1876b, p. 225). No número de agosto de 1877, figurou mais uma nota versando sobre o paisagista francês. Dessa vez, Albuquerque cumprimentava-o pela condecoração outorgada pela Académie des Sciences, em razão dos frutos de sua viagem à América do Sul (Albuquerque, 1877b, p. 142). Entre as espécies descobertas por ele nessa incursão e batizadas em sua homenagem, estava o *Anthurium andraeanum* Linden, que posteriormente fez enorme sucesso como flor de corte e ainda hoje é apreciado nas salas das residências brasileiras e estrangeiras. Entre o final do século XIX e o início do XX, a inflorescência vermelho brilhante dessa espécie chegou mesmo a ser tema de interessantes decorações *art nouveau* na Argentina, como pude observar em mausoléus no cemitério da Recoleta, Buenos Aires, em 2001.

Por fim, na edição de dezembro de 1878, o editor apontou os saldos da expedição de André, detalhando minuciosamente tudo o que foi reunido e chamando a atenção para a quantidade e a variedade de itens colecionados num tempo recorde.

> Na viagem que o Sr. E. André, redactor da Illustration Horticole, fez não há muito ainda, á América, e da qual em tempo demos noticia, o illustre viajante, além de estudos que fez em diversos ramos das sciencias naturaes, recolheu e remetteu, ou levou, para a Europa, o seguinte:
>
> 1º, 4,300 especies de plantas secas (cada uma representada por 1 a 10 exemplares de herbário); 2º, 181 plantas e productos vegetaes conservados em alcool ou seccos; 3º, 177 mammiferos, peixes, répteis, preparados para serem empalhados; 4º, 931 passaros preparados para serem montados; 5º, 5,200 insectos, 6º, 992 borboletas; 7º, 78 molluscos; 8º, 166 mineraes e fosseis; 9º, 50 antiguidades indianas; 10º, 56 vestimentas, armas e objectos diversos; 11º, 60 objectos fabricados com verniz de Pasto [resina de mopa-mopa (árvore), dos índios Pasto, colombianos]; 12º, 350 desenhos analyticos de plantas, aquarellas, vistas, typos, photographias; 13º, 7 volumes do *Diário de viagem*.
>
> Isso sem falar de 4,722 plantas vivas, repartidas por 285 especies, das quaes 1,992 Orchidéas de 79 especies, 315 Aroidéas de 34 especies, 28 especies de Bromélias, 25 de Fetos etc.; 27 sementes de Palmeiras, de 21 especies, e ainda 394 especies diversas de outras sementes. E a viagem durou apenas um ano!! (Albuquerque, 1878, p. 221).

Ao longo dos quatro anos em que circulou, a *Revista de Horticultura* foi efervescente porta-voz de informações e conhecimentos, que pôs os brasileiros em dia com o que havia de recente e importante nos domínios da horticultura francesa. Todavia, a publicação não constituiu um testemunho isolado do estreitamento das ligações entre a produção paisagística francesa e a nacional. Tão importantes quanto as folhas impressas de Frederico de Albuquerque, foram o trânsito e o comércio de espécies vegetais a partir da França, assunto do próximo capítulo.

Plantas viageiras

"De A. Lecaron, Paris 20 Quai de la Mégisserie, recebemos: *1º Catalogue général de Graines, 2º Catalogue de Rosiers et Fraisiers, 3º Catalogue général de Plantes Vivaces, de Pleine Terre, de Serre Chaude, etc., 4º Catalogue d'Oignons à Fleurs*. De experiência própria podemos recommendar a casa de A. Lecaron pella excellencia de suas sementes, preços módicos e promptidão com que serve."

FREDERICO DE ALBUQUERQUE, maio de 1877.

O século XIX foi um tempo de enormes avanços na descoberta e propagação de novas espécies. Nenhuma época anterior presenciou tamanho crescimento do interesse social pelas flores e plantas ornamentais, contagiando de um extremo a outro do planeta. É o momento por excelência em que a circulação de vegetais pelo globo atinge escalas nunca antes alcançadas, resultado da multiplicação avassaladora de expedições botânicas, sociedades científicas, exposições hortícolas, estabelecimentos comerciais, viveiros, colecionadores e grande público interessado em possuir novidades do mundo vegetal. Ao lado de outras nações, a França capitaneou esse processo. E fez isso não apenas ditando padrões de gosto que influíram diretamente no prestígio de várias espécies, mas participando ativamente da gigantesca rede internacional de trocas e comércio de plantas que se formou na época, por meio de colecionadores, entidades e fornecedores capazes de atender encomendas de todas as partes do mundo.

O contato com esses representantes franceses viabilizou a importação de um elenco nada desprezível de plantas exóticas que, ao longo desse século, passaram a figurar nos jardins domésticos e públicos do Brasil. Mas quem eram esses agentes e quais as espécies que trocavam ou vendiam aos negociantes brasileiros de vegetação? Aqui, seguindo as pistas de um capítulo não menos significativo da atuação de Frederico Guilherme de Albuquerque – a introdução, a multiplicação e o comércio de plantas ornamentais –, tentamos dar conta desse assunto, buscando mostrar como se deu a formação de sua coleção, localizando especialmente o repertório de gêneros ornamentais incomuns que, entre 1874 e 1879, ele negociava em sua estação hortícola, na cidade do Rio de Janeiro.

Société Impériale Zoologique d'Acclimatation

As aproximações de Albuquerque com profissionais, amadores e sociedades francesas que praticavam intercâmbios botânicos remontam ao período inicial de sua carreira, no Rio Grande do Sul. Pelo menos desde 1868, ele estava filiado à Société Impériale Zoologique d'Acclimatation, em Paris, e mantinha um fluxo mais ou menos regular de envio de produtos naturais brasileiros para lá, mediante a contrapartida de receber informações, sementes e mudas de espécies exóticas (Société Impériale, 1868). Fundada em 1854, por Isidore Geoffroy Saint-Hilaire, zoólogo e titular da disciplina de mamíferos e aves no Muséum d'Histoire Naturelle, a Société Impériale Zoologique d'Acclimatation dedicava-se originalmente ao conhecimento, à domesticação e difusão de animais úteis e ornamentais, e mantinha o Jardin d'Acclimatation du Bois de Boulogne, desenhado por Barillet-Deschamps em 1859 (a pedido de Saint-Hilaire) e, no ano seguinte, inaugurado pelo imperador. Com o passar do tempo, a entidade ampliou sua linha de ação às plantas, fomentando simultaneamente, com a distribuição anual de prêmios, uma política de incentivo ao trabalho de seus membros. No final do governo de Napoleão III, passou a chamar-se Société Nationale d'Acclimatation de France, detendo então um extenso quadro de associados e entidades filiadas disperso não somente pelo território francês, mas também pelo mundo afora.

Vistas do Jardin d'Acclimatation, da Société Impériale Zoologique d'Acclimatation, em Paris. Frederico de Albuquerque era associado dessa sociedade e, com ela, fazia permutas vegetais, a partir de 1868.

Plantas viageiras / 187

Na etapa inicial de formação de sua coleção vegetal, Albuquerque empenhou-se na obtenção de plantas estrangeiras ainda não completamente difundidas em sua província natal, não para fins decorativos, mas econômicos – caso dos eucaliptos e das videiras. Para tanto, passou a recorrer àquela entidade. Dela recebeu, em 1871, sementes de várias espécies de eucaliptos e, em carta publicada na revista da instituição, informou, no ano seguinte, os resultados iniciais do plantio. Aí, Albuquerque comentava:

> Esses grãos, semeados logo que chegaram, germinaram muito mal, exceto os de *Eucalyptus obliqua*; entretanto, como há ao menos dois indivíduos de cada espécie, eu poderei vos comunicar o resultado que tiver obtido dentro de alguns meses.
>
> Quanto ao *Eucalyptus globolus*, já é bem conhecido aqui e mesmo bem apreciado, ainda ontem alguns fazendeiros portugueses me pediram algumas centenas dessas plantas para fazer barreiras de proteção ao vento em suas plantações. Vós podereis apreciar melhor esse fato quando eu vos disser que essa gente tira da terra belas alcachofras, aspargos e morangos, que fazem nascer as boas sementes de legumes que lhes dou, embora nunca quiseram aceitar um sarmento sequer de videira, quanto mais plantá-lo e fazer vinho... da Isabella [*Vitis vinífera* L.] (*apud* Albuquerque, 1997, p. 41).

Nesse ano de 1872, os progressos de Albuquerque voltaram a chamar a atenção da Société Impériale Zoologique d'Acclimatation, que o premiou com uma medalha de primeira classe. Foi a terceira das quatro distinções que o botânico gaúcho receberia da entidade no decorrer dos anos, avalizando a crescente importância de seus ensaios de introdução e aclimatação de vegetação exótica, primeiro no Rio Grande do Sul e, depois, no Rio de Janeiro (Freire, 1890, p. 2).

Muséum d'Histoire Naturelle

A Société Impériale Zoologique d'Acclimatation não era, porém, o único contato que se valia de Frederico de Albuquerque nos primórdios de sua atividade. Em 1869, ele prosseguia interagindo com o Muséum d'Histoire Naturelle, conforme testemunha a missiva de Charles Victor Naudin, de 21 de outubro, que lhe agradecia a remessa de sementes para si e sua instituição, bem como o prevenia de que estava reunindo mudas de videiras para lhe remeter.

> Recebi e vos agradeço sinceramente as duas cartas que vós me escrevestes, bem como as sementes de maracujá e feijões que vós me enviastes e outras para a Société Impériale d'Acclimatation. Estas sementes são de grande interesse para mim. [...]

> Li que vossos maracujazeiros florescem perfeitamente em Collioure, onde temos um clima como o da Catalunha. As laranjeiras se tornam enormes sem nenhuma proteção nos jardins.

> Será um prazer lhe enviar cepas de Collioure e das províncias vizinhas e mesmo tudo aquilo que puder conseguir de videiras nessas regiões. Minha intenção é reunir uma grande variedade de cepas na minha propriedade, tendo em vista fazer experiências agrícolas e botânicas (Naudin, 1869).

Charles Naudin

Mesmo no período da guerra franco-prussiana, em 1870, Albuquerque não interrompeu seus pedidos, buscando manter-se em comunicação com Charles Naudin. Possivelmente sem estar a par da gravidade da situação que atravessava a França, encaminhou, em 26 de agosto daquele ano, carta ao botânico francês solicitando o despacho de mais mudas de videiras. E certamente deve ter se inquietado com o silêncio que perdurou por mais de seis meses.

Obrigado pelo clima bélico a interromper a rotina de trabalho no Muséum d'Histoire Naturelle, Naudin estava refugiado em sua propriedade de veraneio e centro de pesquisas botânicas, em Collioure, no sul da França. Apenas em 26 de fevereiro de 1871 recebeu a correspondência de Albuquerque. E, no dia seguinte, providenciou um desabafo contundente sobre o estado calamitoso de seu país, destacando os danos que a comunidade botânica francesa estava sofrendo e a impossibilidade de atender ao pedido naquele momento.

Foi somente ontem, 26 de fevereiro de 1871, que recebi a carta que vós tivestes a honra de me endereçar, com data de 29 de agosto de 1870, vale dizer há 6 meses! Os jornais vos informaram a causa dessa demora. Paris já estava invadida por 500.000 prussianos antes que vossa carta chegasse a um porto francês, e durante esses cinco meses nada, absolutamente nada, pode entrar nesta infeliz capital que se rendeu diante da fome.

Os desastres causados por esta guerra loucamente sem aviso, sem precaução de nenhum tipo e estupidamente conduzida pele imperícia geral, são incalculáveis! Após 1.400 anos de existência, nunca a França passou por tal provação. Parecia um sonho quando o país acordou em meio a uma série de desastres, com bombas irrompendo por todos os lados. Depois de vários anos, o governo imperial sabia que a Prússia estava produzindo

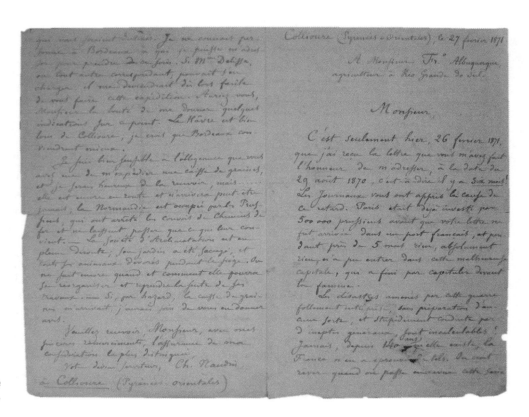

Carta de Charles Naudin a Frederico de Albuquerque, de 27 de fevereiro de 1871.

armamentos terríveis e que esperava a ocasião favorável para jogá-los em nós, ajudada pela Alemanha inteira. [...]

Vossa carta do ano passado me chegou muito tarde para enviar os sarmentos de videiras, que já começaram a brotar. [...] O mês de fevereiro foi muito quente e, depois de 15 dias, os brotos das videiras irromperam, alguns já estão floridos. Cortando os sarmentos agora, em Collioure, eles não terão chance de chegar vivos ao Brasil. Será em novembro, dezembro ou, no mais tardar, em 15 de janeiro que poderei fazer esse envio. [...]

Logo que os sarmentos chegarem ao Brasil, deverão ser colocados na água durante oito horas, antes de sua plantação. [...]

Estou bem contente com sua gentileza de me enviar uma caixa com sementes, mas infelizmente não a recebi. Talvez esteja a caminho ou não chegue jamais, pois a Normandia está ocupada pelos prussianos que controlam as estradas de ferro e confiscam o que lhes convém. A Société d'Acclimatation está em ruínas, seu jardim foi saqueado, e todos os animais foram devorados durante o cerco da cidade. Ainda não sabemos quando ela poderá ser reorganizada e retomar o ritmo de seus trabalhos. Se, por azar, a caixa de sementes não chegar, avisar-lhe-ei (Naudin, 1871).

Espécies ornamentais

Além de contemplar plantas úteis, a coleção de Frederico de Albuquerque cresceu incorporando vegetação de jardim pouco comum no Brasil daquele tempo. E, nesse caso, os meios para conquistá-la não eram essencialmente distintos daqueles empregados para as plantas agrícolas e florestais. Os pedidos eram dirigidos também a contatos na França. Se feitos a particulares e instituições científicas, seguiam acompanhados de uma compensação antecipada, na forma de sementes e mudas de plantas brasileiras. Se destinados a viveiristas profissionais, eram pagos ou, em certas situações, permutados por espécies cobiçadas pela outra parte.

Em 1874, E. Mazel despachou para Albuquerque um pacote específico de sementes de plantas ornamentais, contendo espécies arbóreas, aquáticas e herbáceas. Viveirista de Marselha, ele retribuía uma oferta anterior, satisfazendo então um pedido do horticultor gaúcho, e aproveitava para entabular a próxima troca, nomeando algumas palmeiras, bromélias e trepadeiras que lhe interessavam. Em carta de 30 de maio, que acompanhava a remessa, Mazel relata

> Na ausência do Sr. Pradelle, a quem confio a direção de minhas culturas, vos envio algumas sementes, entre as que vós haveis desejado. Se vos aprouver, nós poderemos vos enviar algumas plantas numa boa caixa Ward, que é bem recomendada para que elas cheguem em bom estado. Ainda há pouco, eu recebi do Japão duas caixas com plantas vivas, que posso lhe oferecer.
>
> Se vós realizardes vosso projeto de se estabelecer no Rio de Janeiro, nós poderemos manter contatos mais fáceis e mais freqüentes. Eu ficarei contente com isso.
>
> As sementes de *Cocos yataï* ainda não germinaram. Também vos agradeço a vossa última remessa de sementes de mirtáceas, que pareciam bem frescas.
>
> Se vós puderdes me enviar outras diferentes, eu lhe serei muito grato. Eu desejaria sobretudo de palmeiras, como *Cocos yataï*, *Howea*, principalmente *Cocos weddellianum* […] e outras palmeiras elegantes. Também gostaria de receber de bilbergeas [bromeliáceas] […], buganviles e outras trepadeiras.
>
> Queira me dizer se em nosso catálogo há alguma coisa que vos convenha. Poderemos vos enviar uma remessa de plantas vivas. Em anexo, mando o catálogo das sementes deste ano (Mazel, 1874).

No verso da carta, Mazel acrescentava uma lista detalhada das sementes remetidas naquele momento. Entre árvores e arvoretas, havia magnólias de folhas perenes e caducas, duas espécies de grevilhas, *Ceanothus bertinii* Carr, e espécies de acácias, entre elas *Racosperma melanoxylon* (R. Br.) Mart., *Acacia rotundifolia* Hook., *Racosperma mearnsii* (De Wild.) Pedley, *Acacia procumbens* Bullock, *Acacia mollissima* Willd. e *Acacia pubescens* R. Br.*,* e de mimosa (*Racosperma spectabile* (A. Cunn. ex Benth.) Pedley). De plantas aquáticas, constavam o lótus-azul (*Nymphaea nouchali* var. *caerulea* (Savigny) Verdc.), lótus-amarelo (*Nelumbo lutea* Willd.) e lótus-vermelho (*Nelumbo nucifera* Gaertn.). Também faziam parte espécies herbáceas, como *Anthurium acaule* (Jacq.) Schott, dasilírio (*Dasylirion longissimum* Lem.) e fórmio-variegado (*Phormium tenax* J. R. Forst. & G. Forst.).

Em anos posteriores, os intercâmbios entre Mazel e Albuquerque não apenas continuaram, mas provavelmente se intensificaram. Por volta de 1876, o horticultor gaúcho acusava o recebimento de outro lote de sementes postado pelo viveirista marselhês. Nele estavam frutos da torênia (*Torenia fournieri* Linden ex E. Fourn.), que logo foram plantados, vingaram rapidamente e floresceram bem antes do que Albuquerque calculava, como descreveu, cerca de três anos depois, num pequeno artigo sobre a espécie, publicado no número de outubro da *Revista de Horticultura* (1879).

Meio de transporte

Mas o que era a caixa Ward, a que Mazel se referia? O incremento da circulação de plantas vivas estimulou a criação e a melhoria de equipamentos para transporte, tendo por objetivo reduzir as perdas ocasionadas pelas longas viagens marítimas. Um desses dispositivos era a caixa Ward, batizada assim em homenagem a seu criador, o botânico e inventor diletante Nathaniel Bagshaw Ward (1771-1868). Desenhado em 1827, o equipamento consistia em um recipiente envidraçado, para melhor acondicionar as mudas durante as jornadas pelos mares. Feito para viajar no convés dos navios, dispunha de painéis móveis, abertos para ventilação e regas. Em outras palavras, era uma espécie de antecedente das estufas, só que portátil, em miniatura (Vercelloni, 1990, p. 131).

Pelo menos desde janeiro de 1870, Frederico de Albuquerque vinha recebendo plantas em caixas Ward. Em seu livro *Da videira*, ele fazia menção ao uso de uma delas, na remessa de 200 pés de videiras que a Société Impériale Zoologique d'Acclimatation lhe destinou (Albuquerque, 1876a, p. 17). Contudo, mesmo com esses e outros recursos de transporte, os números ainda indicavam que, no último quartel do século XIX, a porção de vegetação que chegava bem ao destino final era pequena. Isso para desespero

EXPOSITION DE 1900. - PALAIS DE L'HORTICULTURE

Palais de l'Horticulture Française, na Exposição Universal de 1900. E a providencial caixa Ward.

e prejuízo de toda uma cadeia de interessados, formada por coletores, cientistas, viveiristas, colecionadores e amadores. Exemplificando esses índices, numa curta nota na *Revista de Horticultura*, de junho de 1876, Albuquerque dimensionava uma das mais sérias agruras vivenciada por seus pares: "De 11,000 plantas vivas que ultimamente fôrão remettidas da Columbia para o Sr. W. Bull, de Londres, 3,000 apenas chegarão vivas: por ahi se póde avaliar as difficuldades contra as quaes lutão os introductores de plantas novas" (Albuquerque, 1876b, p. 106).

Vitrinas hortícolas

A transferência de Frederico de Albuquerque para a cidade do Rio de Janeiro, em 1874, demarcou uma nova etapa para sua coleção botânica. Além de receber progressivamente mais espécies ornamentais estrangeiras, essa coleção proveu matéria-prima para a formação de um viveiro comercial, com o qual o botânico gaúcho entrou na competição por uma fatia do promissor mercado de vegetação para jardins, na capital imperial. Contudo, esse salto não teria sido possível sem que Albuquerque buscasse alargar sua rede de correspondentes no exterior. Para isso, devem ter contribuído as indicações que obteve, possivelmente em seu novo trabalho no Museu Nacional, nos círculos científicos cariocas e mesmo na leitura de mais periódicos hortícolas internacionais, que frequentemente estampavam endereços de interessados, colecionadores e, sobretudo, de fornecedores na França. Há que considerar também que, à medida que o horticultor de Rio Grande foi conquistando prêmios em eventos promovidos pela família imperial, como as mostras hortícolas de Petrópolis, iniciadas em 1875, a coleção saiu fortalecida e ganhou maior visibilidade.

As exposições de vegetação proliferaram pela Europa da segunda metade do século XIX e início do XX. Atingiram tal importância e popularidade, que muitas cidades do Velho Continente as incluíram entre seus principais eventos anuais. Chegaram mesmo a ser parte destacada das grandes feiras internacionais, merecendo inclusive a construção de pavilhões monumentais, cujo ápice foi, na França, o conjunto erguido para a mostra de Paris de 1900, não por acaso batizado de Palais de l'Horticulture Française. Mais que simplesmente apresentar plantas vivas, flores e sementes, as exibições de médio e grande porte eram termômetros das descobertas hortícolas recentes, que passariam a balizar as preferências de colecionadores e do grande público. E funcionavam como vitrinas privilegiadas da atividade de cientistas e horticultores, oferecendo-lhes prêmios pelas melhores novidades vegetais, fossem espécies recém-aclimatadas ou híbridos artificiais.

O Brasil do Segundo Império não passou incólume diante dessas iniciativas, buscando replicá-las, de início, nas duas cidades onde a corte vivia, ou seja, no Rio de Janeiro e em Petrópolis. Em fevereiro de 1875, a I Exposição de Horticultura de Petrópolis foi aberta em meio aos espaços do passeio público da cidade e distribuiu dez prêmios, sendo que uma medalha de prata coube a Frederico de Albuquerque (Judice, 1998, p. 63). No ano seguinte, a mostra repetiu-se e, novamente, o botânico gaúcho conquistou uma distinção, dessa vez sob forma de uma menção honrosa pela apresentação de quatro itens: um exemplar da *Revista de Horticultura*, uma muda de tália (*Thalia dealbata* Fraser ex Roscoe) e dois frutos de *Sooly-Quc* (Albuquerque, 1876b, p. 24).

Antes mesmo da divulgação dos premiados, a II Exposição de Horticultura de Petrópolis já vinha ocupando espaço na imprensa, inclusive na *Revista de Horticultura*. Evento em fase de consolidação, que prometia crescer em importância para os círculos hortícolas nacionais, a mostra foi assunto no número inaugural da revista de Albuquerque, em janeiro de 1876. Contudo, a notícia redigida pelo horticultor gaúcho em meio à sua "Chronica" não vinha simplesmente fazer elogios. Ao contrário, o texto enfatizava os problemas na organização da mostra, deixando transparecer um certo incômodo de Albuquerque, talvez por conta do amadorismo da iniciativa.

> Parece-nos, porém, muito defeituoso o seu plano; que serão addmittidos tanto plantas como animaes vivos, e objectos de arte, repartidos em 19 (?) classes, e que 16 medalhas de ouro, prata e bronze, além de menções honrosas, serão distribuídas, é tudo o que sabem os expositores; mais de que modo serão julgados os objectos expostos? Será talvez um pouco difficil comparar, e decidir entre uma mal cultivada planta de Yuta ou qualquer outro vegetal útil, e um bonito e *bien réussi* pombo rabo de leque; além de que o 3º grupo

I Exposição de Horticultura de Petrópolis, 1875.

parece dever reunir em uma só classe objectos de arte e instrumentos de agricultura, ou horticultura, o que será um pouco heterogêneo.

A nosso ver deverião haver, pelo menos, tantos concursos quantos fossem as classes, e serião de antemão determinadas as recompensas attribuidas a cada concurso, que serião ou não dadas conforme o merecesse os objectos expostos: desse modo os expositores saberião a que ía á exposição (Albuquerque, 1876b, p. 3).

No número seguinte da *Revista de Horticultura*, Albuquerque voltou ao assunto da exposição, reafirmando suas críticas anteriores e acrescentando outras observações, na expectativa de um aprimoramento das próximas edições.

Devido sem duvida ao excessivo calor e grande secca, que contrariarão bastante o desenvolvimento da vegetação, a Exposição, que esteve boa, esteve inferior á do anno passado.

Seria sem duvida fácil á Caixa Horticola de Petrópolis dar muito maior esplendor ás suas festas, mudando-as para uma outra estação mais apropriada, annunciando-as com grande antecedencia para que amadores e horticultores se pudessem preparar convenientemente, e sobretudo distribuindo os premios em diversos concursos, a que os expositores dirijão os seus esforços; uma outra modificação e muito importante, seria ligar o nome dos objectos expostos aos prêmios que lhes fôssem conferidos, e não simplesmente ao dos expositores, como se tem feito, e o que significa tão pouco, que muitas vezes os próprios laureados não saberão ao que devem os prêmios recebidos, como nos aconteceu (Albuquerque, 1876b, p. 24).

Provavelmente essas e aquelas sugestões caíram no vazio. A terceira edição aconteceu em 1877 e foi renomeada Exposição Agrícola e Hortícola de Petrópolis. Entretanto, não despertou interesse em Albuquerque – nem como participante tampouco como editor. A quarta mostra perdeu a regularidade, sendo retomada apenas em 1884, quando da finalização do pequeno pavilhão de estrutura metálica e vidro, encomendado para sua sede, no passeio público petropolitano. A exposição, porém, não chegaria a ir muito mais adiante. Teve outras duas edições em anos consecutivos, encerrando-se definitivamente em 1886, próximo ao apagar das luzes do Império (Judice, 1998, pp. 65-77).

Fornecedores de plantas

Entre 1876 e 1879, Frederico de Albuquerque estava interagindo com mais alguns viveiristas profissionais e comerciantes de equipamentos para jardins atuantes na França. Isso podia ser acompanhado nas páginas da *Revista de Horticultura,* que, número após número, trazia indicações de fornecedores e catálogos de estabelecimentos franceses, testados frequentemente pelo botânico gaúcho.

Na edição de fevereiro de 1877, havia um informe sobre a chegada de três catálogos provenientes de lá, sendo um de importante roseirista de Lyon, cidade reconhecida na época como a capital internacional da rosa, tamanho era o volume de sua produção anual.

> Durante o mez passado recebeu a Revista de Horticultura os seguintes catálogos, que, do mesmo modo que os anteriores, ficarão á disposição das pessoas que os quizerem consultar. [...]
>
> V. Ducher, de Lyon, Catalogue des Rosiers Remontants, Pivoines en arbres et herbacées. [...]
>
> Louet Frères, de Issoudun, fabricantes de postes, grades, cercas e pontes de Ferro — illustrado.
>
> Idem. Palissages Metalliques pour Jardins, Vignes, Clotures, etc., grossa brochura, importante pelas numerosas ilustrações e detalhadas descripções (Albuquerque, 1877b, p. 23).

A viúva Ducher não era a única representante da nata de roseiristas lioneses, de cujos produtos e serviços Frederico de Albuquerque estava a par. Havia também os estabelecimentos de Lacharme, Jean-Baptiste Guillot Fils, Pernet Fils, Antoine Levet e Joseph Schwartz, listados na nota "Rosas novas de 1879-1880", que figurou na *Revista de Horticultura* de novembro de 1879. Na primeira parte dela, o horticultor gaúcho comentava que

Todos os outonos recebemos os annuncios das rosas novas obtidas pelos semeadores francezes e estrangeiros. [...]

Comecemos pelas rosas obtidas pelos semeadores de Lyão, cuja reputação é universalmente conhecida.

O Sr. F. Lacharme, roseirista, annuncia a venda, desde já, de duas rosas hybridas reflorescentes, que obtiverão um primeiro premio na exposição feita em Lyão no dia 11 de setembro ultimo, o que é um certificado real de serem essas rosas francamente reflorescentes. [Foram batizadas de] *Julius Finger* e *M.elle Catherine Soupert*. [...]

O Sr. J. B. Guillot fils, anuncia a venda também desde já de duas rosas novas obtidas de semente. [Trata-se de] *M.me Angèle Jacquier* e *Pierre Guillot* (Albuquerque, 1879, p. 211).

Outras casas de comércio vegetal com as quais Albuquerque mantinha contato eram a de P. Sebire, de Ursy, em Calvados, Normandia; e as de E. Verdier Fils Ainé, e de Croux et Fils, de Seaux. Também se correspondia com a empresa hortícola de Charles Huber, com sede em Hyères, cidade portuária próxima de Toulon. Dela proveio o catálogo *Graines, plantes, bulbes, et graminées saches pour bouquet: prix-courant pour l'été 1877*, noticiado na edição de outubro de 1877 (Albuquerque, 1877b, p. 183), sob o título "Catálogos recebidos". Mas certamente um dos mais antigos e afamados estabelecimentos para onde Albuquerque dirigia pedidos, e daí obtinha catálogos, era a casa Vilmorin-Andrieux. Fundada em 1743, no Quai de la Mégisserie, em Paris, essa empresa de mudas e sementes pertencia ao casal Claude Geoffrey e Pierre d'Andrieux, então chefe dos celeiros e botânico de Luís XV. Em 1775, Philippe-Victorie de Vilmorin (1746-1804), genro do casal, assumiu os negócios, rebatizando-a com o nome Vilmorin--Andrieux, e tornou-se patriarca de uma família que por mais de 200 anos, ao longo de dez gerações, dedicou-se especialmente à horticultura, agricultura e botânica.

Na *Revista de Horticultura* de dezembro de 1877, além de apontar os catálogos recém-chegados desse estabelecimento, Albuquerque testemunhava a qualidade dos produtos e serviços oferecidos pela casa.

Vilmorin Andrieux e C., de Pariz.
– Catalogues d'arbres et d'arbustes de pleine terre, et de plantes de serre.

– de Dahlias et Cannas.

– special de Glaïeuls.

– des Oignons à fleurs et Fraisiers.

– Supplement aux catalogues.

– Graines de fleurs qu'on peut semmer en Septembre et Octobre.

Redigidos com um cuidado todo especial, esses diversos catálogos tornão-se sobretudo notaveis pela enorme variedade de sementes offerecidas, e pelas innumeras gravuras que representão as especies mais notaveis, e as variedades mais estimadas. A casa Vilmorin Andrieux e C. é conhecida em todos os recantos da terra pela excellencia de suas sementes, e pelo cuidado escrupuloso com que serve seus clientes (Albuquerque, 1877b, pp. 222-223).

Albuquerque viveirista

A correspondência com maior número de estabelecimentos franceses estava diretamente ligada à intensificação da atividade comercial de Frederico de Albuquerque, atestada por dois detalhados anúncios que ele fez publicar no almanaque de Laemmert, um dos principais veículos de propaganda comercial na cidade do Rio de Janeiro. Estampados nas edições de 1877 e 1878, esses anúncios de página inteira relacionavam um sortimento peculiar de mudas e sementes de plantas ornamentais, em sua maioria estrangeiras, sendo diversas recém-introduzidas e mesmo raras no Brasil oitocentista. Também ofereciam o envio de catálogos aos interessados, indicando que os serviços do botânico gaúcho atingiam um grau de profissionalismo bem à frente de vários de seus pares brasileiros e similar àquele existente na França e Europa da época.

O almanaque de Laemmert de 1877 listava onze estabelecimentos e profissionais dedicados às plantas e jardins na capital imperial e arredores. Aí constavam, entre outros, Frederico Groth; Guimarães & Gomes; José Maria Vieira; Manoel Francisco de Castro Figueiredo; Manoel Martins de Castro & Filho; Mello & Goulart; e Rodrigues & Silva. Contudo, nenhum deles se preocupava em informar ao público que tipo de plantas comercializava, como fez o horticultor gaúcho, que atendia na rua 24 de Maio,

972

INDUSTRIA, FABRICAS,

Estabelecimentos Horticolas, e Jardineiros. [692

ESTABELECIMENTO DE PLANTAS NOVAS E RARAS

Premiado com a medalha de prata na 1ª exposição de Petropolis

F. ALBUQUERQUE, — Engenho-Novo, rua 24 de Maio n. 99

Offerece 12 bonitas roseiras de 12 variedades nomeadas, por............ 10$000
25 » » 25 » » .... 18$000
Sementes Novas de flôres para jardim, collecções de 25 especies a .... 28$000
2$500, 3$000 e 3$500 cada collecção.

PELARGONIUMS, COLEUS, DAHLIAS, PHLOX

Chrysantemas (monsenhores) do Japão — Chrysantemas da China — Chrysantemas pompon, 20 variedades de crotons (independencia) — 25 especies Dracænas.

Grande collecção de Ixoras, Hoyas, Bouvardias, Stapelias, Evonymus, Aucubas, etc., a primeira e mais escolhida collecção de Gesneriaceas existentes na America do Sul (para cima de 200 variedades). Palmeiras novas, de sementes recebidas directamente da

Sociedade de Acclimação de Brisbane, em Queensland, e do Jardim Botanico de Howrah, em Calcutá.

PLANTAS CARNIVORAS

Dasyliniums, Beaucarneas, Yuccas e Marantas variadas, Grande collecção de Cannas,

toda a sorte de plantas ornamentaes pelas folhas, pelas flôres, pelos fructos e pelo porte.

TREPADEIRAS NOVAS E PLANTAS AQUATICAS

UMA MEDALHA DE 1ª CLASSE, DUAS MEDALHAS DE 2ª CLASSE

DA SOCIEDADE DE ACCLIMAÇÃO DE PARIZ

POR CULTURAS DIVERSAS E INTRODUCÇÕES

Remette gratuitamente catologos descriptivos:

PUBLICA A

REVISTA DE HORTICULTURA

Jornal de Agricultura e horticultura pratica

sito temporariamente no

Engenho-Novo. — Rua 24 de Maio n. 99 (5 minutos da Estação do Caminho de Ferro e na passagem dos Bonds). — Correspondencia:

F. ALBUQUERQUE

Horticultor

418, caixa do correio. — Rio de Janeiro.

800

INDUSTRIA, FABRICAS,

Estabelecimentos Horticolas, e Jardineiros. [692

ESTABELECIMENTO PARA PLANTAS NOVAS E RARAS

Premiado com a grande medalha de prata na 1ª exposição de Petropolis

F. ALBUQUERQUE, — Rua do Conde d'Eu n. 245

(Os Bonds de Estacio de SÁ PASSÃO NA PORTA, — os de Catumby ao lado)

COLLECÇÕES MUITO ESPECIAES DE

Rosas, Camelias, Azaleas, Dahlias, Phlox, Caladiuns, Sxoras, Bouvardias, Evonymos, Hoyas, Stapelias, e outras Plantas gordas as mais completas collecções de Crotons, Dracænas e Marantas, a melhor e mais escolhida collecção de Gesneriaceas existente em toda a America do Sul.

Dasyliriums, Beaucarneas, Yuccas, Bonaparteas e outras plantas do grande ornameninação, bem como toda a sorte de plantas ornamentaes pelas folhas, pelas flôres, pelos fructos, pelo porte

ARVORES FRUCTIFERAS DO PAIZ E DA EUROPA

As mais raras Cycadaceas e as celebres

Plantas insectivoras

especialidade em

PLANTAS AQUATICAS

Plantas raras e novas obtidas de sementes recebidas directamente da

Sociedade de Acclimação de Brisbane, Queensland, Australia e do Jardim Botanico de Howrah, em Calcutá.

E de outros estabelecimentos importantes em relação directa e seguida com os principaes horticultores da Inglaterra, França, Belgica, Hollanda e Estados-Unidos

UMA MEDALHA DE 1ª CLASSE, DUAS MEDALHAS DE 2ª CLASSE

DA SOCIEDADE DE ACCLIMAÇÃO DE PARIS

Deposito de Sementes Novas para Hortas e Jardins

Encarrega-se de qualquer fornecimento de Plantas, Flôres cortadas e Bouquets. Remette, gratis, pelo correio, catalogos descriptivos a todas as pessoas que os desejar.

☞ Collocado presentemente quasi no centro da Cidade, F. Albuquerque convida, não só aos seus amigos, como a todos os Srs. amadores e curiosos, a visitarem o seu estabelecimento onde será encontrado todos os dias das 8 horas da manhã ás 5 da tarde.

Solicita tambem ordens dos Srs. amadores da Provincia, para o que tem adoptado um systema especial de encaixotamento, que permitte que as suas plantas cheguem em perfeito estado, por mais longe que seja a viagem: escrever a

F. ALBUQUERQUE

418, caixa do correio. — Rio de Janeiro.

Anúncios do estabelecimento hortícola de Frederico de Albuquerque nos almanaques de Laemmert, em 1877 e 1878.

99, Engenho Novo, mesmo endereço onde vivia com a família. Na edição seguinte do almanaque, a mesma situação se repetiu, com Albuquerque buscando diferenciar-se da concorrência no modo de difusão do trabalho de seu viveiro comercial. Ligeiramente modificado na forma e no conteúdo, o anúncio no almanaque de 1878 dava a conhecer o novo endereço do botânico gaúcho na rua Conde d'Eu, 245, e mantinha a oferta de remeter o catálogo próprio do estabelecimento, numa estratégia nada comum no âmbito do comércio vegetal no Brasil do Segundo Reinado.

Mas qual era o repertório de plantas ornamentais cultivado e comercializado por Frederico de Albuquerque? Embora hoje seja difícil recuperar a extensão completa desse elenco vegetal, é possível extrair, dos anúncios do almanaque, dados importantes a respeito dele. O reclame de 1877 enumerava um conjunto diversificado, formado principalmente por espécies herbáceas e arbustivas estrangeiras. Havia plantas de exuberantes florações, como 37 variedades de roseiras, gerânios, floxes, crisântemos do Japão e da China, ixoras (*Ixora coccinea* L.), flores-de-cera (*Schollia carnosa* (L. f.) Schrank ex Steud.), biris, além de mais de 200 espécies de gesneriáceas, destacadas como a coleção mais seleta da América do Sul. As espécies de folhagens coloridas incluíam cóleos, 20 variedades de crótons, 25 espécies de dracenas, gerânios, aucubas (*Aucuba japonica* Thunb.), marantas e biris. Espécies suculentas ou adaptadas a solos áridos, que exibiam formas diferentes, estavam representadas pelas flores-estrela (*Stapelia hirsuta* Linn), nolinas (*Beaucarnea recurvata* Lem.), iúcas e dasilírios (*Dasylirion longissimum* Lem.). Existiam ainda menções a palmeiras, plantas carnívoras e plantas aquáticas. O anúncio de 1878 reproduzia basicamente o mesmo conjunto anterior, acrescendo apenas mais algumas plantas com inflorescências significativas, caso das camélias (*Camellia japonica* L.), azáleas e dálias; com folhas de coloração diferenciada, como os caládios (*Caladium hortulanum* Birdsey); além de outras de aspecto singular, caso das cicadáceas.

Dálias e floxes

Entre 1877 e 1879, era possível reconhecer a existência de uma ação coordenada entre dois segmentos principais do trabalho de Albuquerque: a atuação do viveirista interagia com a do editor e vice-versa. À medida que o viveirista disponibilizava novas plantas ao comércio, o editor procurava abordá-las em matérias de sua autoria ou de colaboradores. E a recíproca igualmente acontecia, com o editor destacando espécies que, pouco depois, seriam oferecidas ao público pelo viveirista. E isso se pautando nas preferências que informavam o gosto francês e europeu da época; em alguns casos, arriscando-se a promover espécies que nem sempre usufruíam ampla receptividade lá fora. A maioria das plantas que constava dos dois anúncios do almanaque de Laemmert foram objeto de matérias, notas e comentários na *Revista de Horticultura*. Esses escritos ajudam a esclarecer os nomes científicos de espécies cultivadas e vendidas por Albuquerque, bem como possibilitam reconhecer alguns motivos do interesse que elas suscitavam naquele tempo, primeiramente, entre os especialistas e, depois, no público em geral.

Numa época que exacerbava o fascínio pelas inflorescências, não era de se estranhar que Albuquerque privilegiasse a comercialização de diversas plantas que produziam belas flores. Além de disponibilizar, em quantidade, novos híbridos de roseiras, ele concentrou seus esforços na promoção de dálias e floxes, originários, respectivamente, do México e dos Estados Unidos. As dálias foram assunto em pelo menos quatro notas e artigos na *Revista de Horticultura*, e, na edição de janeiro de 1877, Albuquerque referiu-se a sete espécies delas.

A *Dahlia arborea* é uma espécie mexicana, como a Dahlia commum (*D. variabilis*) da qual se distingue sobretudo pela robustez da haste que excede á altura de dous metros.

Suas flores, relativamente pequenas, são dobradas, e de uma cor de rosa secca, assas bonita.

Sua cultura é a mesma que a das outras dahlias.

Além das duas espécies acima, o México deu ainda aos jardins as *Dahlias maximiniana, coccínea, imperialis, cosmiflora, decaisneana* etc. (Albuquerque, 1877b, p. 9).

Ilustração de *Phlox acuminata*, publicada na *Revista de Horticultura* de setembro de 1877.

A respeito dos floxes, o horticultor redigiu, no número de setembro de 1877, um longo artigo de três páginas recomendando-os pela vivacidade das flores coloridas, geralmente em branco, rosa, púrpura ou carmim, e pelo efeito marcante que elas produziam quando reunidas em maciços monocromáticos nos jardins. Apresentou uma extensa seleção das variedades que considerava as mais interessantes, descrevendo as origens e as qualidades de 13 espécies e 27 híbridos. As espécies eram:

Phlox paniculata [...] flôres vermelhas: oriundo da Virginia, introduzido na Europa em 1752.

P. acuminata [...] flôres vermelhas [...] Descoberta na América do Norte e introduzida na Europa desde 1812, esta espécie, quer por si, quer por cruzamento com outras, tem produzido numerosas variedades, que os collecionadores da Europa têm em grande estimação, e conservão cuidadosamente.

P. Maculata Lin. [...] De Carolina [...] Introduzida desde 1740, tem produzido diversas espécies jardinicas.

P. triflora [...] De Carolina [...] flôres grandes, púrpuras ou rosadas [...] Introduzida em 1816.

P. Carolina [...] de Carolina [...] flôres purpurinas [...] Introduzida em 1790, esta espécie tem produzido muitas variedades, e concorrido para muitos productos hybridos.

P. glaberrima Lin. [...] flôres vermelhas [...] Foi levada de Carolina em 1725.

P. reptens Mich. [...] flôres longamente pedunculadas, vermelhas. De Carolina, levada para a Europa em 1800.

P. divaricata Lin. [...] flôres grandes azuladas. Virginia, 1746.

P. pilosa Lin. [...] flôres rosadas [...] Levada da Georgia em 1786.

P. procumbens Lodd. [...] flôres grandes, côr de violeta. Da América do Norte, levada para a Europa em 1829.

P. verna [...] roxo purpurino. América do Norte, 1832.

P. Subulata Lin.. [...] flôres vermelhas [...] Da América do Norte e introduzida na Europa em 1786.

P. Speciosa [...] corymbos de flôres brancas com o centro vermelho. Levada da Columbia em 1826 (Albuquerque, 1877b, pp. 168-169).

Na sequência, o artigo tratava dos híbridos, sendo vários desenvolvidos por profissionais franceses.

Belle pyramide. Obtida pelo horticultor Rendather, variedade do *P. maculata*, com enormes pyramides compactas de flôres purpurinas.

Comtesse de Bresson. De Lierval, flôres brancas com o centro purpurino.

Edouard Andry. De Fontaine, côr de rosa com o centro vermelho acarminado.

Egerle. De Henri Denay, flôr grande, branca, tendo no centro uma grande estrella côr de violeta acarminado.

Esperance. Do mesmo horticultor, com grandes umbellas de flôres brancas, tendo no centro uma grande estrela purpurina.

Fascination. Ainda do mesmo, flôres muito grandes, bem redondas, rosadas com o centro carmim vivo.

Fortunio. De Lemoine, flôr enorme, rosa avioletada, com grande centro vermelho vivo.

Hebe. De Crousse, enormes bouquets de flôres côr de aurora, com o centro côr de fogo.

La Patrie. De Lemoine, flôres violetas, purpurinas, com o centro mais escuro.

Larina. De Pelé, pequena planta com flôres de um branco puro.

Leonidas. De H. Denay, flôres grandes, côr de rosa clara assetinada, com grande centro vermelhão vivo.

Lierval. Do horticultor do mesmo nome, planta anã com grandes panículos de flôres carmim vivo, beiradas com muita regularidade de branco puro (Albuquerque, 1877b, pp. 169-170).

O texto seguia falando de outros 15 híbridos. E, no desfecho, o botânico fazia questão de sublinhar o quanto apostava no potencial dessas plantas.

Todos esses Phlox são plantas robustas, vigorosas, muito vivazes por suas raízes, e que dão-se perfeitamente em terra leve e commum de jardim, expostas ao pleno sol, sua multiplicação é fácil, quer pela divisão das touceiras, quer de galho.

Em nossa opinião nenhuma outra flor é tão capaz como esta de rivalizar com o cravo e com a rosa, nos jardins de nossos amadores (Albuquerque, 1877b, pp. 169-170).

Gloxínias e azáleas

As gloxínias e as azáleas foram outros vegetais de florações significativas cujo uso Frederico Albuquerque encorajou. A família das gesneriáceas, um dos orgulhos do hor-

Ilustração de gloxínia, estampada na *Revista de Horticultura* de janeiro de 1878.

ticultor, comparecia com mais de 200 espécies diferentes em seu viveiro, sendo pelo menos uma descoberta por ele e nomeada em sua homenagem – a *Sinningia albuquerqueana* (já citada). Em meio a essa família, estavam as gloxínias, que foram abordadas pormenorizadamente na revista de janeiro de 1878. Nativas da América meridional, essas herbáceas rumaram para a Europa a partir século XVIII, segundo explicava o artigo de Albuquerque. Entre as primeiras despachadas para lá, figuravam a *Gloxinia maculata* L'Hér. (atual *Salisia maculata* (L'Hér.) Regel), dotada de flores lilases, que aportou em 1739, e a *Gloxinia pallidiflora* Hook. (atual *Salisia pallidiflora* (Hook.) Regel), com inflorescências em azul-claro, que, em 1845, foi remetida por William Purdie (1817-1857), de Nova Granada (região atualmente compreendida pela Colômbia, Equador, Venezuela e Panamá) para o Kew Gardens, a sudoeste de Londres. Revestida de pronunciadas flores azuis, a *Ligeria speciosa* var. *caulescens* (Lindl.) Hanst. chegou na Europa partindo do Brasil; e a *Gloxinia tubiflora* Hook. (atual *Sinningia tubiflora* (Hook.) Fritsch), peculiarizada pelas inflorescências brancas, da Argentina. A partir da *Ligeria speciosa* (atual *Sinningia speciosa* (Lodd.) Hiern), os horticultores europeus criaram diversos híbridos, fazendo variar enormemente a gama de coloração das flores.

O escocês John Fyfe conseguiu obter variantes com as flores abertas para cima, que valorizavam ainda mais os efeitos cromáticos e tornaram-se as preferidas do público. O estabelecimento de Van Houte, de Gand, chegou mesmo a desenvolver duas variedades hortícolas com flores dobradas, que chamou *Lady Cremone,* de flores brancas com orlas azuis, e *John Gray*, de inflorescências brancas com bordas rosas (Albuquerque, 1878, pp. 10-11).

Arbustos floríferos não menos atraentes, as azáleas incluem-se no gênero dos rododendros – do grego *rhodos* (rosa) e *déndron* (árvore) –, discutido em minucioso artigo de Édouard André, que Albuquerque publicou em duas partes, nos números de fevereiro e março de 1878. André comentava que o interesse por esse gênero, formado por extenso conjunto de espécies e variedades hortícolas, remonta à Antiguidade sendo mencionado já nos escritos de Pedanius Dioscórides (*ca*.40-*ca*.90), e de Plínio, o Velho (23/24-79). Na Europa, a difusão da cultura de azáleas principiou apenas na metade do século XVII, a partir da introdução do *Rhododendron hirsutum* L., em 1656, nativo dos Alpes. Ao longo do século XVIII, houve a expansão de espécies novas e mais bonitas, caso do *Rhododendron ponticum* L., colhido por Joseph Pitton de Tournefort (1656-1708) na Ásia Menor, em 1702; do *Rhododendron chamaecistus* L., encontrado em sítios elevados na Alemanha e Suíça; do *Rhododendron dauricum* L. e *Rhododendron lapponicum* (L.) Wahlenb., descobertos na Lapônia e Sibéria (André, 1878a, pp. 29-30).

Édouard André prosseguia explicando que Joseph Dalton Hooker (1817-1911) foi responsável pela mais extensa descoberta de rododendros realizada de uma só vez até a primeira metade do século XIX. Um dos principais nomes da botânica inglesa oitocentista e futuro diretor do Kew Gardens (1865-1885), Hooker voltou da Índia e do Himalaia, em 1848, portando sementes de nada menos que trinta espécies inéditas, e providenciou uma detalhada publicação a respeito delas, ilustrada com litografias de Walter Hood Fitch (1817-1892), um dos melhores ilustradores botânicos da era vitoriana. À medida que o texto na *Revista de Horticultura* avançava, Frederico de Albuquerque inseria algumas notas de rodapé, com esclarecimentos e comentários seus; num deles dava a entender que já conseguira adquirir um dos rododendros identificados pelo botânico inglês naquela viagem,

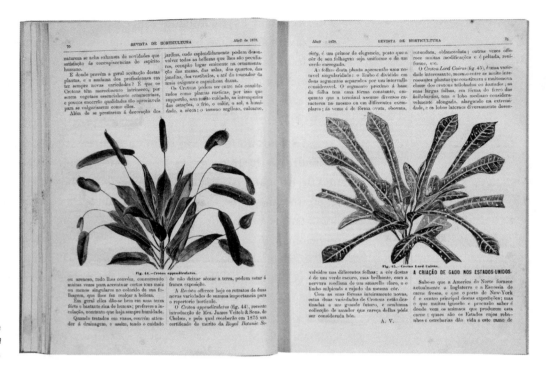

Gravuras de *Croton appendiculatus* e cróton lord cairns, inseridas na *Revista de Horticultura* de abril de 1878.

o magnifico Rhododendron de lady Dalhousie (*Rh. Dalhousiae*) representado pela nossa gravura (est. 16) uma das mais bonitas espécies do gênero, com suas grandes flôres brancas, ás vezes levemente coloridas de róseo, que embalsamão a atmosphera com um delicioso aroma de flôres de laranjeiras (André, 1878a, pp. 30-31).

Marantas e crótons

Além de se dedicar à vegetação com florações viçosas, o viveiro do horticultor de Rio Grande priorizava igualmente a cultura de plantas herbáceas ou arbustivas com folhagens coloridas, em ascensão nas preferências de colecionadores e amadores, caso das marantas e dos crótons. Família muito numerosa, que habitava principalmente a América Central e a meridional, as marantáceas beneficiavam-se de crescente estima pela diversidade e beleza das combinações cromáticas e padrões formais de suas folhas, resultantes de uma ampla gama de tons de verdes, cinzas, roxos e vermelhos. Albuquerque recomendou o emprego da *Maranta tubispatha* (*atual Phyllodes tubispatha* (Hook.) Kuntze) na *Revista de Horticultura* de dezembro de 1876, sublinhando o fato de ser a espécie ainda novidade em jardins e coleções brasileiros, embora já frequentasse a imprensa especializada internacional pelo menos desde 1865. Na mesma matéria, recordava que a *Maranta zebrina* (*atual Phyllodes zebrina* (Sims) Kuntze) já era bem apreciada no Brasil e dava a entender que a *Maranta makoyana* (atual *Phyllodes mackoyana* (E. Morren) Kuntze) cresceria em importância aqui, tendo em vista a receptividade com que, há pouco tempo, estava sendo recebida na Europa (Albuquerque, 1876b, pp. 233-234).

Já os crótons – arbustos grandes e semilenhosos que encantavam pela folhagem multicolorida e polimorfa, geralmente em nuanças de verde, amarelo e vermelho – tinham por ambiente natural a faixa compreendida entre a Índia, a Malásia e as ilhas do Pacífico e, ao longo do século XIX, foram enriquecidos com a criação de diversos híbridos. Conforme o primeiro anúncio no almanaque de Laemmert de 1877, Albuquerque possuía 20 variedades diferentes dessas plantas que, no Brasil daquele tempo, ficaram conhecidas pelo nome popular de "independência", numa alusão às cores verde e amarelo do pavilhão nacional. Afora o *Croton variegatum* (atual *Phyllaurea variegata* (L.) W. Wight), é possível que seu estabelecimento detivesse híbridos recém-comercializados no exterior, como o *Croton appendiculatus* (atual *Croton appendiculatus* Elmer) e o cróton lord cairns (possivelmente um cultivar de *P. variegata* (L.) W. Wight), noticiados na *Revista de Horticultura* de abril de 1878. Esse artigo explanava que

> O *Croton appendiculatus* (fig. 44), recente introdução de Mr. James Veitch & Sons, de Chelsea, e pelo qual receberão em 1875 um certificado de mérito da Royal Botanic Society, é um primor de elegância, posto que a côr de sua folhagem seja uniforme e de um verde carregado.
>
> As folhas desta planta apresentão uma notável singularidade: o limbo é dividido em dous segmentos separados por um intervallo considerável. O segmento próximo á base da folha tem uma fórma constante, enquanto que a terminal assume diversos caracteres no

mesmo ou em differentes exemplares, rotundata, oblaceolata; outras vezes, offerece muitas modificações e é peltada, reniforme, etc. (Albuquerque, 1878, p. 71).

Com o mesmo tom entusiástico, o artigo seguia passando em revista o segundo híbrido e antevia um porvir de enorme sucesso para ambos.

O *Croton Lord Cairns* é uma variedade interessante, mesmo entre as muito interessantes plantas que constituem a muito boa classe dos crotons trilobados ou *hastados*; as suas largas folhas, em fórma do ferro das *hallabardas*, tem o lobo mediano consideravelmente alongado, alargando na extremidade, e os lobos lateraes diversamente desenvolvidos nas differentes folhas; a côr destas é de um verde escuro, mas brilhante, com a nervura mediana de um amarello claro, e o limbo salpicado e rajado da mesma côr.

Com as suas fórmas inteiramente novas, estas duas variedades de crotons estão destinadas a um grande futuro e nenhuma collecção de amador que careça delas póde ser considerada bôa (Albuquerque, 1878, p. 71).

Iúcas e cicadáceas

Também faziam parte do elenco vegetal produzido e vendido pelo horticultor gaúcho algumas plantas ornamentais de maior porte, admiradas mais pela forma do que pelo cromatismo. Entre elas, figuravam as iúcas e as cicadáceas, provenientes de zonas tropicais, que se tornaram altamente valorizadas no século XIX pela semelhança com as palmeiras; pelo menos era assim que, ao tratar das iúcas, Decaisne e Naudin justificavam tal fato em seu *Manuel de l'amateur des jardins*. Nos escritos de Albuquerque, impressos nos números de janeiro de 1876 e junho de 1877 de seu mensário, comparecia esse mesmo argumento a respeito de ambas:

As cycadeas, cujo porte anormal recorda desde a primeira vista as palmeiras e certos fetos arbóreos, são verdadeiras dicotyledoneas [...]. O seu aspecto extraordinário, e muitas vezes elegante, faz com que sejão muito apreciadas pelos amadores e collecionadores de

Gravuras de *Macrozamia corallipes* e de *Yucca pendula*, publicadas na *Revista de Horticultura* em janeiro de 1876 e em junho de 1877.

plantas, estimação que a muitos séculos já ganhára, no único dos paizes civilisados em que habita uma de suas espécies, o *Cycas revoluta* [...], a que os japonezes reservão sempre logar de destaque em seus jardins (Albuquerque, 1876b, p. 6).

No aspecto as *yuccas* recordão um tanto as palmeiras, embora verdade seja que suas folhas nunca deixão de ser perfeitamente inteiras e uniformes, e não penni ou palmificadas como as desta família; se muitas yuccas são inteiramente desprovidas de tronco, nem por isso existe absurdo na lembrança, pois não é pequeno o numero de palmeiras perfeitamente acaules (Albuquerque, 1877b, p. 112).

Afora a *Yucca aloefolia* (atual *Sarcoyucca aloifolia* (L.) Linding.) e a *Yucca filamentosa* L., bem difundidas na época, o botânico de Rio Grande sugeria, em seu texto, o uso de espécies então incomuns nos recintos ajardinados brasileiros, como a *Yucca gloriosa* L., a *Yucca glauca* Nutt., a *Yucca pendula* Groenl., a *Yucca baccata* (atual *Sarcoyucca baccata* (Torr.) Linding.), a *Yucca angustifolia* Pursh. e a *Yucca quadricolor* (atual *Sarcoyucca aloifolia* (L.) Linding.). E se valia da oportunidade para ironizar um procedimento deformador que jardineiros inábeis usavam para "submeter" as plantas. Tratava-se de curvar manualmente as folhas, de modo a fazer com que seus espinhos terminais ficassem espetados no caule, resultando numa espécie de mastro mal-ajambrado, revestido por sucessivas linhas de anéis (Albuquerque, 1877b, pp. 111-112).

A respeito das cicadáceas, Frederico de Albuquerque teceu considerações logo no primeiro número de sua *Revista de Horticultura* e mencionou pormenorizadamente as espécies existentes em sua coleção, salientando que boa parte delas ainda não eram amplamente conhecidas no Brasil. O interesse europeu por essas plantas fermentara a partir do século XVIII, sendo a *Cycas revoluta* Thunb. uma das primeiras a desembarcar no Velho Continente, introduzido por Hutchinson, na Inglaterra, em 1758. Essa espécie era então a mais divulgada no Brasil, segundo informava Albuquerque. Originária da Índia, a *Cycas circinalis* L. estava representada no Passeio Público do Rio de Janeiro. Introduzida na Europa, em 1869, a *Cycas media* R. Br estava presente com exclusividade na coleção do botânico, inclusive por meio de variados exemplares. Recém-

-introduzido em solo europeu, o *Dioon edule* Lindl. já figurava no estabelecimento de Albuquerque e no passeio público carioca. Além desses, o paisagista tinha exemplares de outras cicadales da família das zamiáceas, sendo alguns do gênero *Encephalartos*, como a *Zamia furfuracea* Aiton; a *Zamia mackenzii* (talvez a atual *Zamia leiboldii* Miq.), adquirida na Bélgica; a *Macrozamia denisoni* C. Moore & F. Muell.; a *Macrozamia corallipes* Hook. f.; o *Encephalartos heenanii* R.A. Dyer; o *Encephalartos villosus* Lem. e o *Encephalartos horridus* (Jacq.) Lehm.) (Albuquerque, 1876b, pp. 6-8).

Essas e outras espécies de cicadáceas eram objetos de desejo cada vez mais cobiçados naquele tempo. Todavia, estavam longe de serem produtos naturais ao alcance de todos os seus apreciadores. E isso mereceu explicações da parte de Albuquerque.

> As *cycadeas* são raras nas collecções de plantas e nos jardins, não por causa de dificuldade em sua multiplicação que é muito fácil, é apenas embaraçada pelo grande valor dos exemplares existentes na Europa, valor que impede aos horticultores de os sacrificarem; geralmente é ella feita por meio de sementes tiradas dos paizes onde as plantas existem em estado espontaneo; de algumas especies cujos sexos differentes têm podido ser reunidos por occasião da floração, tem-se colhido sementes férteis em varias estufas na Europa. [...]
>
> Na Índia, [...] cortão o tronco, do *Cycas circinalis* L., em secções hortizontaes, que plantadas produzem com facilidade plantas vigorosas; esse methodo poderia ser empregado para todas as outras cycadaceas, se o grande valor dos exemplares fortes, não o impedisse; na falta absoluta de sementes, e de brotos naturaes, os jardineiros multiplicadores são obrigados a tirar apenas algumas escamas, com madeira sufficiente, e plantal-as, com muito calor e debaixo de campanas de vidro (Albuquerque, 1876b, p. 8).

Plantas carnívoras

Não só de representantes da flora que encantavam os sentidos era formada a coleção albuquerquiana. Nela havia espaço igualmente para vegetais que, em razão de com-

Ilustrações de *Nephenthes rafflesiana* e de *Dipladenia insignis*, publicadas na *Revista de Horticultura* em março de 1876 e em março de 1877.

portamentos fisiológicos peculiares – que nada tinham a ver necessariamente com deleite estético –, atiçavam a curiosidade, como as plantas carnívoras. Desde a edição de seu *Insectivorous plants*, em 1875, Charles Darwin (1809-1882) fez aguçar a atenção da comunidade botânica internacional para essas plantas. Frederico de Albuquerque seguiu de perto esse interesse, não apenas se informando e escrevendo sobre espécies do gênero *Nepenthes*, no ano seguinte à publicação do trabalho de Darwin, como também adquirindo exemplares para seu viveiro. Mas o que havia de tão inusitado nesses vegetais que habitavam as florestas úmidas das ilhas Seychelles, Sri Lanka, Bórneo, Austrália e Nova Caledônia? Na edição de março de 1876, o botânico explicava que essas plantas eram dotadas de uma série de bolsas que pendiam das extremidades de suas folhas. Essas bolsas

> estão sempre cheias, em um terço de sua capacidade, de um líquido particular, transparente como água, e secretado por glândulas que forrão a parte interior da urna, cuja structura é tal, que os insectos e outros pequenos animais que, sem duvida enganados pelas cores vistosas da urna, ahi penetrão, não se podem retirar, e perecem afogados no liquido [...] que goza precisamente das mesmas propriedades do suco gástrico dos animaes, isto é, que dissolve as materias assimilaveis que elle banha, e que a planta absorve então como um alimento que parece ser-lhes muito apropriado (Albuquerque, 1876b, p. 47).

Nessa mesma matéria, Albuquerque dava a conhecer que tinha mudas de *Nepenthes rafflesiana* Jack., *Nepenthes laevis* C. Morren, *Nepenthes phyllamphora* Willd., *Nepenthes distillatoria* L., *Nepenthes rubra* Hort. ex Rafarin e *Nepenthes dominii* Hort. Veitch. ex Mast., variedade hortícola encomendada à empresa de James Veitch & Sons, de Londres.

Vegetação brasileira

Simultaneamente à atividade de importador de flora exótica, Frederico de Albuquerque voltou-se às espécies brasileiras com potencial ornamental, batendo-se pela valorização daquelas pouco estimadas ou completamente desconhecidas em seu próprio país. E fez isso cultivando-as, disponibilizando-as ao comércio e, sobretudo, defendendo-as por meio da *Revista de Horticultura*.

Proveniente das margens do rio Amazonas, a piraguaia (*Corynostylis hybanthus* var. *albiflora* Mast.), arbusto trepador que se revestia de intensa floração branca, era notícia no número de abril de 1876. Após descrever suas características gerais, o horticultor fazia saber que vinha cuidando de mudas da espécie e aguardava sua floração que, segundo lera em autores europeus, assemelhava-se a enormes violetas alvas (Albuquerque, 1876b, pp. 77-78).

Em outra ocasião, Albuquerque preferiu endurecer os comentários, ironizando a miopia dos brasileiros para as belezas floríferas que estavam bem ao seu alcance, enquanto os estrangeiros se serviam muito melhor de nossa flora, inclusive para desenvolver novos híbridos. No texto sobre a *Dipladenia insignis* (variedade de *Mandevilla amabilis* (hort. Backh. ex Flor. & Pomol.) Dress), estampado na edição de março de 1877, alfinetava:

> Onde estão sobretudo as nossas esplendidas *Echiles* e *Dipladenias*, que em numero superior a 200 especies esmaltão as florestas do sul do Brazil, onde estão ellas? Perto daqui, desprezadas nos brejos de Mauá, ou bem longe de nós, acariciadas, festejadas e apreciadas nas estufas da Europa, como bem prova a *Dipladenia insignis* nascida na Europa, nas estufas do sr. J. Waterhouse, das sementes da *D. amabilis* de nossas florestas; com grandes flôres róseas, de mais de quatro pollegadas de diâmetro, e da qual o jornal *Florist* diz: "a mais bonita de todas as *Dipladenias* de flôres acarminadas" e as especies são 200, e todas bonitas e... todas desconhecidas dos nossos amadores (Albuquerque, 1877b, p. 52).

O tom de indignação de Albuquerque não era diferente ao falar do que ocorria com outros vegetais autóctones com ampla vocação ornamental – caso das *Cannaceae*, denominadas popularmente de biris ou canas-da-índia. Ao tratar dessas plantas, em matéria na edição de junho de 1877, o botânico esquadrinhava as contradições que balizavam a aceitação ou recusa de seus contemporâneos não apenas desses vegetais, mas de tantas outras espécies nacionais. Reconhecia que os brasileiros praticavam dois pesos e duas medidas, tendo uma prevenção injustificada pela vegetação nativa e, ao mesmo tempo, não oferecendo reservas de nenhum tipo às plantas advindas do exterior em seus jardins, mesmo que fossem variedades hortícolas derivadas de espécies daqui.

> Vem a proposito enfim das cannas, que tal é o seu nome botânico, ou de Caytéis [caetés], como vulgarmente se chamão entre nós; plantas indigenas, que os nossos amadores se apressão de arrancar de seus jardins, se porventura e por acaso alguma apparece ahi. [...]
>
> De certo nem um sequer de nossos amadores desconhece a planta de que fallamos, que com muita facilidade se encontra no estado selvagem de um a outro extremo do Brazil, ora mostrando nos matagaes sua ampla folhagem arroxeada e brilhante, corada de espigas de flôres vermelhas com uma das pétalas manchadas de amarello, ora ostentando nos banhados, e logares alagadiços, suas folhas estreitas, verdes e glaucas, terminadas por flôres de um amarello dourado e brilhante; ou mais raras vezes cultivadas propositadamente com nome de biris para sustento dos animaes, e mostrando então uma folhagem extremamente elegante e ornamental, de uma cor bronzeada, e largas inflorescencias de um vermelho acarminado intenso.
>
> Como soe acontecer, a cultura na Europa tem melhorado muito estas plantas, já de si tão esplendidas, e se os nossos amadores têm pressa de arrancar de seus jardins as especies selvagens que o acaso leva para ali, é possível que tivessem igual cuidado de conserva-las, se o mesmo acaso lhes mostrasse a pequena variedade Brennengrii [...], ou mesmo a Tricolor [...], a magnífica Adrien Robine (Albuquerque, 1877b, pp. 109-110).

A ação de Frederico de Albuquerque a favor da vegetação brasileira deve ter lhe trazido algumas desilusões. Os resultados não vieram provavelmente na escala e velocidade que ele esperava. No entanto, essa face de sua obra não estava fadada a se perder ao vento. Pouco mais de meio século depois, era possível reconhecê-la como precursora do trabalho de um jovem paisagista que, ao assumir o departamento de parques e jardins da cidade de Recife, tratava de reerguer a bandeira da valorização das plantas nacionais nos jardins públicos e privados brasileiros. Esse profissional era Roberto Burle Marx (1909-1994).

Epílogo Herança verde

Em nenhum período anterior da história ocidental houve tamanha disposição de expandir a presença do verde nas cidades quanto na segunda metade do século XIX. Surgindo, a princípio, como reação ao lado negro da Revolução Industrial, esse movimento eclodiu a partir da França e de outras grandes capitais europeias. Contudo, não demorou a se alastrar e a transmutar-se pelo mundo afora, atingindo localidades que ainda nem bem conheciam a era das máquinas, quanto mais seus efeitos negativos.

Entre 1853 e 1870, a capital francesa foi palco da construção de um modelo de ambiente urbano integrado a espaços ajardinados, que se tornou referência ímpar de implementação qualitativa e quantitativa de ambientes verdes públicos no cenário internacional. Entretanto, esse modelo não se originou de um plano coeso que, de antemão, definia um sistema de áreas ajardinadas. Pelo contrário, foi sendo ajustado até chegar a essa condição, resultando do amalgamar de motivações diversas e nem sempre isentas de contradições. Quais eram esses fundamentos? O imperador Napoleão III batia-se pelo acesso democrático aos jardins como meio eficaz de educar as massas e controlar as tensões sociais. A multiplicação de praças e parques atendia os desejos de uma elite interessada em usufruir as amenidades da vida ao ar livre, como também servia ao jogo de interesses financeiros que beneficiava a especulação imobiliária.

Revigorar a tradição francesa do *embelissement public* e promover a salubridade urbana eram outras motivações não menos importantes. Na época, a disseminação de árvores no meio urbano implicava não apenas em cuidados com a qualidade visual da cidade, como também representava medidas profiláticas associadas mais à dissipação dos miasmas do que propriamente à criação de pulmões verdes, capazes de absorver o gás carbônico e prover oxigênio. Aliás, os embates e as controvérsias sobre essas duas teorias estavam em curso mesmo em regiões bem afastadas do Velho Continente, conforme se depreende de um comentário de Frederico de Albuquerque, incluso num relatório sobre o Passeio Público e o Jardim Botânico do Rio de Janeiro, em 1875.

> Não acredito, como alguns, que a plantação de jardins e alamedas no centro das cidades, por concorrerem para a fixação do carbono, do accido carbonico despendido pela respiração animal, e pelas exigências da vida social e da industria produzam beneficios effetivos sobre a hygiene nos centros populosos, sobretudo em climas como o do Rio de Janeiro; creio todavia nos extraordinários e benéficos effeitos moraes que promovem sobre as populações (Albuquerque, 1875b).

Além de conquistar enorme visibilidade dentro e fora da França, o conjunto de praças, parques e ruas arborizadas de Paris fez crescer o prestígio geral dos paisagistas e horticultores franceses no âmbito internacional, a ponto de serem considerados peritos imbatíveis na área de melhoramentos urbanos. Cada vez mais, na América do Sul, esses técnicos foram escalados, pelas elites e dirigentes, para operar a renovação de diversas cidades do continente, implementando novos parques, reformando antigas praças, organizando programas de arborização viária, estruturando departamentos municipais de áreas verdes e viveiros públicos, desenhando jardins residenciais e mesmo dinamizando a introdução e o comércio de vegetação ornamental, ao longo do século XIX e nas duas primeiras décadas do XX.

Assim se estabeleceu um movimento de várias gerações de profissionais franceses na Argentina, Uruguai, Chile e Brasil, diretamente responsável pela propagação de novos métodos de trabalho, conceitos e modelos paisagísticos, especialmente o jardim paisagista moderno. Esse mosaico de técnicos estava constituído tanto por representantes que se fixaram no território sul-americano, como Glaziou e Thays, quanto por consultores ocasionais, que seguiram para cá para atender solicitações específicas, caso de André e Bouvard. Incluía tanto nomes já reconhecidos, como Montigny e Gauthier, quanto profissionais em ascensão, caso de Margat e Cochet. Nele existiam tanto atores – pertencentes ou relacionados diretamente à primeira equipe do Service des Promenades et Plantations de Paris, caso de André e Villon – quanto profissionais ligados ao

Muséum d'Histoire Naturelle e à École Nationale d'Horticulture de Versailles – como os irmãos Racine e Dubois.

Alguns desses personagens mantiveram relações profissionais mais estreitas entre si, que favoreceram não apenas a troca de conhecimentos e a continuidade de experiências, mas também asseguraram o desdobramento de ofertas de trabalho. Ainda em Paris, Thays passou de aluno a sócio de André. No Rio de Janeiro, Villon trabalhou com Glaziou e sucedeu-o na condição de paisagista das grandes obras estatais e privadas dentro e fora da capital brasileira. Em Montevidéu, Louis-Ernest Racine fez vir seu irmão Charles para somar forças no departamento de parques e jardins daquela cidade.

Afora a realização de um patrimônio paisagístico de amplo significado nesses países, a presença sucessiva de vários desses profissionais no Brasil alentou especialmente o florescimento e o avanço das primeiras gerações de paisagistas e horticultores brasileiros. Um desses pioneiros nacionais foi o gaúcho Frederico Guilherme de Albuquerque.

De índole agitada, empreendedora e geniosa, Albuquerque foi um talento da geração de 1839 que se dedicou intensamente à horticultura e ao paisagismo, atuando nas então províncias do Rio Grande do Sul, Rio de Janeiro e São Paulo. Ao longo de sua trajetória, não apenas acompanhou de perto o que se passava no campo dos jardins e das plantas na França, mas sobretudo estabeleceu um fértil intercâmbio com destacados representantes da botânica e horticultura daquele país. No período entre 1874 e 1892, embora interessado por tudo que dizia respeito ao reino vegetal, ateve-se especialmente às plantas ornamentais e aos jardins, notabilizando-se pela introdução e comercialização de flora ornamental.

Em janeiro de 1876, lançou-se como editor e redator principal da *Revista de Horticultura*, primeira publicação brasileira voltada às plantas ornamentais e à cultura dos jardins. E não mediu esforços para tornar a revista um dinâmico veículo de informações e conhecimentos hortícolas para os brasileiros, fazendo-a circular mensalmente ao longo de quatro anos seguidos e atingir os mais variados e distantes pontos dentro e fora do país, como Recife, Belém, Manaus, Paris, Haarlem, Porto e Washington, entre outros.

Apenas com esse capítulo de fôlego de seu trabalho, Albuquerque já asseguraria posição de destaque entre seus pares brasileiros. No entanto, fez bem mais. Colecionou plantas incomuns, organizou viveiros, descobriu e introduziu espécies, elevou o grau de profissionalismo do comércio brasileiro de flora ornamental, servindo-se de uma teia de contatos ramificada pela França e pelo restante do mundo. Enfim, tornou-se igualmente uma referência na difusão e no comércio de plantas para jardins no Brasil de seu tempo. Mas, nos anos que se seguiram a seu falecimento, tudo mudou. E sua obra foi sendo tragada por um injustificado esquecimento, permanecendo numa obscuridade quase total por mais de um século.

Nosso estudo tentou desvelar o alcance das contribuições desse personagem gaúcho à história do paisagismo brasileiro, bem como da presença francesa na América do Sul, cuja produção mudou indelevelmente as feições de diversas cidades no continente. Contudo, trata-se de um exercício modesto de leitura sobre os primórdios da arte dos jardins no Brasil e na América do Sul no século XIX – um tema e uma época que ainda estão para ser desvendados, decifrados e compreendidos.

Bibliografia

Fontes manuscritas

AGASSIZ, Louis. *Carta* enviada a Frederico de Albuquerque. Rio de Janeiro, 20-6-1866.

ALBUQUERQUE, Frederico Guilherme de. *Carta* enviada a Agassiz. 15-8-1866.

_____. *Carta* enviada a Prudente de Moraes. S/l., 23-11-1894.

_____. *Relatório* sobre o Passeio Público e o Jardim Botânico, solicitado a Albuquerque pelo conselheiro Thomas José Coelho de Almeida, ministro e secretário de Estado dos Negócios da Agricultura. Rio de Janeiro, 15-10-1875.

AMÉRICO. *Carta* enviada a Frederico de Albuquerque. Salvador, 22-6-1878a.

_____. *Carta* enviada a Frederico de Albuquerque. Salvador, 28-6-1878b.

DAFERT, Franz Josef Wilhelm. *Carta* enviada a Frederico de Albuquerque pelo diretor do Instituto Agronômico do Estado de São Paulo. Campinas, 11-10-1894.

DEPARTMENT OF AGRICULTURE. *Carta* enviada a Frederico de Albuquerque. Washington, 29-5-1872.

_____. Carta enviada a Frederico de Albuquerque. Washington, 13-8-1890.

D'ÉPRÉMESNIL, Jacques Louis Raoul Duval. *Carta* enviada a Frederico de Albuquerque, assinada pelo secretário geral da Société Impériale Zoologique d'Acclimatation. Paris, 6-2-1870.

HENRY, Joseph. *Carta* enviada a Frederico de Albuquerque pelo secretário do Smithsonian Institution. Washington, 20-5-1871.

HULSEBOSCH, M. L. Van Ledden. *Carta* enviada a Frederico de Albuquerque. Amsterdã, 11-12-1890.

LANGLEY, S. P. *Carta* enviada a Frederico de Albuquerque pelo secretário do Smithsonian Institution. Washington, 30-6-1890.

MAZEL, E. *Carta* enviada a Frederico de Albuquerque. Marselha, 30-5-1874.

NAUDIN, Charles. *Carta* enviada a Frederico de Albuquerque, representando o Muséum d'Histoire Naturelle. Paris, 21-10-1869.

_____. *Carta* enviada a Frederico de Albuquerque. Collioure, 27-2-1871.

PAILLIEUX, A. *Carta* enviada a Frederico de Albuquerque por representante da Société Nationale d'Acclimatation de France. Paris, 24-3-1885.

SMITHSONIAN INSTITUTION. *Carta* enviada a Frederico de Albuquerque. Washington, 10-8-1892.

SOCIÉTÉ IMPÉRIALE ZOOLOGIQUE D'ACCLIMATATION. *Carta* enviada a Frederico de Albuquerque. Paris, outubro de 1868.

_____. *Carta* enviada a Frederico de Albuquerque. Paris, 21-5-1870.

SOCIÉTÉ NATIONALE D'ACCLIMATATION DE FRANCE. *Carta* enviada a Frederico de Albuquerque. Paris, 21-5-1880.

_____. *Carta* enviada a Frederico de Albuquerque. Paris, 7-11-1884.

_____. *Carta* enviada a Frederico de Albuquerque. Paris, 4-5-1889a.

_____. *Carta* enviada a Frederico de Albuquerque. Paris, 11-10-1889b.

_____. *Carta* enviada a Frederico de Albuquerque. Paris, 11-10-1892.

_____. *Carta* enviada a Frederico de Albuquerque. Paris, 8-11-1893.

VERSCHAFFELT. *Carta* enviada a Frederico de Albuquerque por estabelecimento hortícola de Gand, Bélgica. 22-5-1874.

Fontes impressas e eletrônicas

AANN. [Nota de falecimento de Albuquerque]. Em *Jornal do Comércio*, Rio de Janeiro, 4-11-1897a.

AANN. "Frederico de Albuquerque" [Necrológio]. Em *Jornal do Comércio*, Rio de Janeiro, 5-11-1897b.

AANN. [Nota sobre o corte das verbas para a *Revista de Horticultura*, estampada na primeira página do jornal]. Em *Correio Paulistano*, São Paulo, 23-6-1880.

AANN. "Odioso!..." [Protesto contra o afastamento de Albuquerque do cargo de administrador dos jardins públicos de São Paulo]. Em *Gazeta do Povo*, São Paulo, 24-3-1889.

AILLAUD, Georges J.; FERRARI, Jean-Patrick & HAZZAN, Guy. *Les botanistes à Marseille et en Provence du XVIe au XIXe siècle*. Marselha: s/ed., 1982.

AJZENBERG, Bernardo. "Georges Leuzinger". Em *Cadernos de Fotografia Brasileira*, nº 3, Rio de Janeiro, junho de 2006.

ALBUQUERQUE, Francisco Tomasco de. *Frederico Guilherme de Albuquerque: um esforço biográfico*. Niterói: Instituto Cultural Frederico Guilherme de Albuquerque, 1997.

ALBUQUERQUE, Frederico Guilherme de. "Horticultura". Em *Jornal do Comércio*, Rio de Janeiro, 7-10-1875a.

_____. "Preleção do Sr. Frederico de Albuquerque, no Museu Nacional, na noite de 19 de agosto". Em *O Globo*, Rio de Janeiro, 26-8-1875b.

_____. *Da videira. Sua origem e história: conveniência de sua cultura. Variedades preferíveis*. Rio de Janeiro: Typographia Nacional, 1876a.

_____ (org.). *Revista de horticultura*, vol. 1, Rio de Janeiro, jan.-dez. de 1876b.

_____. "Horticultura". Em *Jornal do Comércio*, Rio de Janeiro, 10-10-1877a.

_____ (org.). *Revista de Horticultura*, vol. 2, Rio de Janeiro, jan.-dez. de 1877b.

_____ (org.). *Revista de Horticultura*, vol. 3, Rio de Janeiro, jan.-dez. de 1878.

_____ (org.). *Revista de Horticultura*, vol. 4, Rio de Janeiro, jan.-dez. de 1879.

_____. "Jardim público". Em *Diário Popular*, São Paulo, 26-7-1889.

_____. [Sem título]. Em *Diário Popular*, São Paulo, 9-1-1890.

ALENCASTRO, Luiz Felipe de (org.). *História da vida privada no Brasil*, vol. 2. São Paulo: Companhia das Letras, 1997.

ALLAIN, Yves-Marie. "La plante: de sa découverte à son utilisation (1800-2000)". Em RACINE, Michel (org.). *Créateurs de jardins et de paysages en France du XIXe siècle au XXIe siècle*. Paris: Actes Sud/École Nationale Supérieure du Paysage, 2002.

_____. *D'où viennent nos plantes?* Paris: Clamann-Lévy, 2004.

_____ & CHRISTIANY, Janine. *L'art des jardins en Europe: de l'évolution des idées et des savoir-faire*. Paris: Citadelles & Mazenod, 2006.

ALLORGE, Lucile & IKOR, Olivier. *La fabuleuse odyssée des plantes: les botanistes voyageurs, les jardins des plantes, les herbiers*. Paris: Jean-Claude Lattès, 2003.

ALVES, Ana Maria de Alencar. *O Ipiranga apropriado. Ciência, política e poder: o Museu Paulista, 1839-1922*. São Paulo: Humanitas/FFLCH-USP, 2001.

ANDRÉ, Édouard. "Charles Lemaire". Em *L'Illustration horticole: revue mensuelle des serres et des jardins*, vol. 18, Gand, junho de 1871.

_____. "Rhododendron, 1". Em *Revista de Horticultura*, Rio de Janeiro, fevereiro de 1878a.

_____. "Rhododendron, 2". Em *Revista de Horticultura*, Rio de Janeiro, março de 1878b.

_____. *Traité général de la composition des parcs et jardins*. Paris: G. Masson, 1879.

AULER, Guilherme (org.). *Os franceses residentes no Rio de Janeiro, 1808-1820*. Rio de Janeiro: Ministério da Justiça e Negócios Interiores, Arquivo Nacional, 1960.

BACHA, Myriam (org.). *Les expositions universelles à Paris de 1855 à 1937*. Paris: Action Artistique de la Ville de Paris, 2005.

BARBUY, Heloisa. *A exposição universal de 1889 em Paris*. São Paulo: Loyola, 1999.

_____. *A cidade-exposição: comércio e cosmopolitismo em São Paulo, 1860-1914*. São Paulo: Edusp, 2006.

BARIDON, Michael. *Les jardins: paysagistes, jardiniers, poètes*. Paris: Robert Laffont, 1998.

_____. *Le jardin paysager anglais au dix-huitième siècle*. Dijon: Editions Universitaires de Dijon, 2000.

BARRETTO, Luiz Pereira. "O premio provincial: a cultura da vinha". Em *Província de São Paulo*, São Paulo, 13-3-1887.

BARTALINI, Vladimir. *Parques públicos municipais de São Paulo: a ação da municipalidade no provimento de áreas verdes de recreação*. Tese de doutorado. São Paulo: FAU-USP, 1999.

BARTHÉLEMY, Guy. *Les jardiniers du roi: petite histoire du Jardin des Plantes de Paris*. Paris: Le Pélican, 1979.

BENZI, Fabio & BERLIOCCHI, Luigi. *Paesaggio mediterraneo: metamorfosi e storia dall'antichità preclassica al XIX secolo*. Milão: Federico Motta, 1999.

BERJMAN, Sonia. *Plazas y parques de Buenos Aires: la obra de los paisajistas franceses*. Buenos Aires: Fondo de Cultura Económica de Argentina, 1998.

_____. "Espaço verde público em Buenos Aires". 2001a. Disponível em http://www.vitruvius.com.br.

_____. *La plaza española en Buenos Aires 1580/1880*. Buenos Aires: Kliczkowski, 2001b.

_____ (org.). *Carlos Thays: sus escritos sobre jardines y paisajes*. Buenos Aires: Ciudad Argentina, 2002a.

_____. "Les paysagistes français au Rio de la Plata". Em RACINE, Michel (org.). *Créateurs de jardins et de paysages en France du XIXe siècle au XXIe siècle*. Paris: Actes Sud/École Nationale Supérieure du Paysage, 2002b.

_____ (org.). *Carlos Thays: un jardinero francés en Buenos Aires*. Buenos Aires: Embajada de Francia, 2009.

BETEMPS, Leandro Ramos. *Vinhos e doces ao som da Marselhesa: um estudo sobre os 120 anos de tradição francesa na colônia Santo Antônio, em Pelotas – RS*. Pelotas: Educat, 2006.

BRENNA, Giovanna Rosso Del (org.). *O Rio de Janeiro de Pereira Passos: uma cidade em questão, II*. Rio de Janeiro: Index, 1985.

BRUNO, Ernani Silva. *História e tradições da cidade de São Paulo, vol. 3*. São Paulo: José Olympio, 1954.

BULLETIN DE LA SOCIÉTÉ Impériale Zoologique d'Acclimatation, 2ª série, tomo II. Paris: Victor Masson, 1865.

BUREAU, É. *Notice historique sur F. M. Glaziou*. Paris: Société Botanique de France, 1908.

CABEDOCE, Béatrice & PIERSON, Philippe (orgs.). *Cent ans d'histoire des jardins ouvriers*. Grâne: Créaphis, 1996.

CALVADO, Teresa. *Viaggio nel pittoresco: il giardino inglese tra arte e natura*. Roma: Donzelli, 1996.

CARDOZO, Fábio Simões & AZEVEDO, Marlice Nazareth Soares de. "Um francês no Brasil Imperial do século XIX: Auguste François-Marie Glaziou". Em VIDAL, Laurent & LUCA, Tânia Regina de (orgs.). *Franceses no Brasil: séculos XIX-XX*. São Paulo: Unesp, 2009.

CARRIÈRE, E. A. & ANDRÉ, E. (orgs..). *Revue Horticole – Journal d'Horticulture Pratique*, nº 22, Paris, novembro de 1885.

CARS, Jean & PINON, Pierre (orgs.). *Paris Haussmann*. Paris: Pavillon de l'Arsenal/Picard, 1991.

CARVALHO, Domingos Sérgio de. "Frederico de Albuquerque: memória lida em sessão da Sociedade Nacional de Agricultura". Em *Jornal do Comércio*, Rio de Janeiro, 22-1-1898.

CENDRES, Julien. "François Racine de Moville". Em RACINE, Michel (org.). *Créateurs de jardins et de paysages en France de la Renaissance au XIXe siècle*. Paris: Actes Sud/École Nationale Supérieure du Paysage, 2001.

CHOAY, Françoise. "La nature urbanisée: l'invention des 'espaces verdoyantes'". Em DETHIER, Jean & GUIHEUX, Alain (orgs.). *La ville: art et architecture en Europe 1870-1993*. Paris: Centre Pompidou, 1991.

COELHO, Edmundo Campos. *As profissões imperiais: medicina, engenharia e advocacia no Rio de Janeiro, 1822-1930*. Rio de Janeiro: Record, 1999.

CONAN, Michel. *Dictionnaire historique de l'art des jardins*. Paris: Hazan, [s/d.].

_____. "René Louis de Girardin". Em RACINE, Michel (org.). Créateurs *de jardins et de paysages en France de la Renaissance au XIXe siècle*. Paris: Actes Sud/École Nationale Supérieure du Paysage, 2001.

CONDURU, Roberto. "Grandjean de Montigny: un acadêmico na selva". Em: BANDEIRA, Julio; XEXÉO, Pedro Martins Caldas & CONDURU, Roberto. *A missão francesa*. Rio de Janeiro: Sextante, 2003.

CORBIN, Alain. *Saberes e odores: o olfato e o imaginário social nos séculos XVIII e XIX*. São Paulo: Companhia das Letras, 1987.

_____ (org.). *História dos tempos livres*. Lisboa: Teorema, 2001.

COURTOIS, Stéphanie. "Claude Richard et Antoine Richard". Em RACINE, Michel (org.). *Créateurs de jardins et de paysages en France de la Renaissance au XIXe siècle*. Paris: Actes Sud/ École Nationale Supérieure du Paysage, 2001a.

_____. "Édouard André et la société de son temps". Em ANDRÉ, Florence & COURTOIS, Stéphanie (orgs.). *Édouard André (1840-1911). Un paysagiste botaniste sur les chemins du monde*. Paris: L'Imprimeur, 2001b.

_____. "Édouard André (1840-1911) et René-Édouard André (1867-1942)". Em RACINE, Michel (org.). *Créateurs de jardins et de paysages en France du XIXe siècle au XXIe siècle*. Paris: Actes Sud/École Nationale Supérieure du Paysage, 2002.

CUNHA, Miguel Gastão da. "O extraordinário Glaziou". Em *Leituras Paisagísticas: Teoria e Práxis*, nº 2, Rio de Janeiro, 2007.

CZAJKOWSKI, Jorge (org.). *Guia da arquitetura colonial, neoclássica e romântica no Rio de Janeiro*. Rio de Janeiro: Casa da Palavra, 2000a.

_____ (org.). *Guia da arquitetura eclética no Rio de Janeiro*. Rio de Janeiro: Casa da Palavra, 2000b.

DEAN, Warren. *A botânica e a política imperial: introdução e adaptação de plantas no Brasil Colonial e Imperial*. São Paulo: USP/Instituto de Estudos Avançados, 1992.

_____. *A ferro e fogo: a história e a devastação da Mata Atlântica brasileira*. São Paulo: Companhia das Letras, 1996.

DECAISNE, Joseph & NAUDIN, Charles. *Manuel de l'amateur des jardins: traité général d'horticulture*. Paris: Firmin-Didot, 1862-1871.

DE HERDT, René. *Floralies gantoises et floriculture en Belgique*. Namur: Érasme, 1995.

DENIS, Gilles. "Édouard André en Amérique du Sud: du voyage naturaliste à l'art paysagiste". Em ANDRÉ, Florence & COURTOIS, Stéphanie de (orgs.). *Édouard André (1840-1911): un paysagiste botaniste sur les chemins du monde*. Paris: L'Imprimeur, 2001.

DOMINGUES, Heloísa Maria Bertol. *Ciência: um caso de política. As relações entre as ciências naturais e a agricultura no Brasil-Império*. Tese de doutorado. São Paulo: FFLCH-USP, 1995.

DUBY, Georges (org.). *Histoire de la France urbaine*. Paris: Du Seuil, 1980.

DURNERIN, Alain. "L'enseignement de l'horticulture et de l'architecture des jardins en France au XXe siècle". Em ANDRÉ, Florence & COURTOIS, Stéphanie de (orgs.). *Édouard André (1840-1911): un paysagiste botaniste sur les chemins du monde*. Paris: Les Éditions de L'Imprimeur, 2001a.

_____. "Quelques figures d'anciens élèves de l'École Nationale d'Horticulture de Versailles au temps d'Édouard André". Em ANDRÉ, Florence & COURTOIS, Stéphanie de (orgs.). *Édouard André (1840-1911): un paysagiste botaniste sur les chemins du monde*. Paris: L'Imprimeur, 2001b.

_____. "Architectes-paysagistes, horticulteurs et jardiniers à l'École Nationale d'Horticulture de Versailles de 1874 a 1914". Em RACINE, Michel (org.). *Créateurs de jardins et de paysages en France du XIXe siècle au XXIe siècle*. Paris: Actes Sud/École Nationale Supérieure du Paysage, 2002.

FERNANDES JUNIOR, Rubens & LAGO, Pedro Corrêa do. *O século XIX na fotografia brasileira*. São Paulo: Francisco Alves, 2000.

FERREZ, Gilberto. *Iconografia do Rio de Janeiro, vol. 2*. Rio de Janeiro: Casa Jorge, 2000.

FERRIOLO, Massimo Venturi. *Giardino e paesaggio dei romantici*. Milão: Angelo Guerini, 1998.

FIGUEIREDO, Eduardo Rodrigues de. *Floricultura brasileira*. São Paulo: Chácaras e Quintaes, 1936.

FIGUEIRÔA, Sílvia. *As ciências geológicas no Brasil: uma história social e institucional, 1875-1934*. São Paulo: Hucitec, 1997.

FREIRE, Ezequiel. "Jardim de acclimação". Em *Correio Paulistano*, São Paulo, 30-7-1890.

FREYRE, Gilberto. *Sobrados e mocambos: decadência do patriarcado rural e desenvolvimento do urbano*. 5ª ed. Rio de Janeiro: José Olympio, 1977.

_____. *Um engenheiro francês no Brasil*. 2ª ed. Rio de Janeiro: José Olympio, 1960.

GLAZIOU, Auguste Marie François. "Carta enviada ao conselheiro Fausto Augusto de Aguiar, diretor-geral da Secretaria de Estado dos Negócios do Império, em 18 de abril de 1874". Em TERRA, Carlos Gonçalves. *Os jardins no Brasil do século XIX: Glaziou revisitado*. Rio de Janeiro: EBA-UFRJ, 2000.

_____. *Plantae Brasiliae Centralis: des plantes du Brésil Central recueillies em 1861-1895*. Paris: Société Botanique de France, 1905.

GOMES, Maria do Carmo Andrade. *Panorama de Belo Horizonte: atlas histórico*. Belo Horizonte: Centro de Estudos Históricos e Culturais da Fundação João Pinheiro, 1997.

GOODY, Jack. *La culture des fleurs*. Paris: Du Seuil, 1994.

GORELIK, Adrián. *La grilla y el parque: espacio público y cultura urbana em Buenos Aires, 1887-1936*. Buenos Aires: Universidad Nacional de Quilmes, 1998.

GRIMAL, Pierre. *L'arte dei giardini: una breve storia*. Roma: Donzelli, 2005.

GUARALDO, Eliane. *São Paulo, paisagem e paisagismo na Primeira República*. Dissertação de mestrado. São Paulo: FAU-USP, 1995.

_____. *Repertório e identidade: espaços públicos em São Paulo, 1890-1930*. Tese de doutorado. São Paulo: FAU-USP, 2002.

HAMBURGUER, Amélia Império *et al*. (orgs.). *A ciência nas relações Brasil-França (1850-1950)*. São Paulo: Edusp/Fapesp, 1996.

HOBHOUSE, Penélope. *L'histoire des plantes et des jardins*. Paris: Bordas, 1994.

HOEHNE, F. C.; KUHLMANN, M. & HANDRO, O. *O Jardim Botânico de São Paulo*. São Paulo: Secretaria de Agricultura, Indústria e Comércio de São Paulo, 1941.

HOMEM, Maria Cecília Naclério. *O palacete paulistano e outras formas urbanas de morar da elite cafeeira*. São Paulo: Martins Fontes, 1996.

HORTA, Maria de Lourdes Parreiras. *Visões do Rio na coleção Geyer*. Petrópolis/Rio de Janeiro: Museu Imperial/Centro Cultural Banco do Brasil, 2000.

HUNT, John Dixon. *Gardens and the Picturesque. Studies in the History of Landscape Architecture*. Cambridge: MIT Press, 1992.

_____. *The Picturesque Garden in Europe*. Londres: Thames & Hudson, 2004.

JOYAUX, François. *La rose, une passion française: histoire de la rose en France, 1778-1914*. Bruxelas: Complexe, 2001.

JUDICE, Ruth B. *Palácio de cristal, 1884*. Petrópolis: Crayon, 1998.

JUNQUEIRA, Eulália. "Alegorias francesas na paisagem do Rio". Em ROBERT-DEHAULT, Elisabeth *et al*. *Fontes d'art: chafarizes e estátuas francesas do Rio de Janeiro*. Paris: Les Éditions de l'Amateur/ASPM-FBM, 2000.

KATZ, Sebástian. *Guia del patrimonio cultural de Buenos Aires: arte metalúrgico francés*. Buenos Aires: Gobierno de la Ciudad de Buenos Aires, 2006.

KLIASS, Rosa Grena. *Parques urbanos de São Paulo e sua evolução na cidade*. São Paulo: Pini, 1993.

KURY, Lorelai (org.). *Iluminismo e império no Brasil: O Patriota (1813-1814)*. Rio de Janeiro: Fiocruz, 2007.

LACOMBE, Lourenço Luiz. *D. Pedro II em Petrópolis*. Petrópolis: Museu de Armas Ferreira da Cunha, 1964.

LAEMMERT, Eduardo & LAEMMERT, Henrique (orgs.). *Almanak administrativo, mercantil e industrial do Rio de Janeiro*. Rio de Janeiro: Typographia Universal de Laemmert, 1847. Disponível em http://brazil.crl.edu/bsd/bsd/almanak.

_____. *Almanak administrativo, mercantil e industrial do Rio de Janeiro*. Rio de Janeiro: Typographia Universal de Laemmert, 1848. Acessado em http://brazil.crl.edu/bsd/bsd/almanak.

_____. *Almanak administrativo, mercantil e industrial do Rio de Janeiro*. Rio de Janeiro: Typographia Universal de Laemmert, 1853. Acessado em http://brazil.crl.edu/bsd/bsd/almanak.

_____. *Almanak administrativo, mercantil e industrial do Rio de Janeiro*. Rio de Janeiro: Typographia Universal de Laemmert, 1862. Acessado em http://brazil.crl.edu/bsd/bsd/almanak.

_____. *Almanak administrativo, mercantil e industrial do Rio de Janeiro*. Rio de Janeiro: Typographia Universal de Laemmert, 1877. Acessado em http://brazil.crl.edu/bsd/bsd/almanak.

_____. *Almanak administrativo, mercantil e industrial do Rio de Janeiro*. Rio de Janeiro: Typographia Universal de Laemmert, 1878. Acessado em http://brazil.crl.edu/bsd/bsd/almanak.

LAGO, Pedro Corrêa do & LAGO, Bia Corrêa do. *Coleção Princesa Isabel: fotografia do século XIX*. São Paulo: Capivara, 2008.

LAIRD, Mark. *Jardins à la française: l'art et la nature*. Paris: Société Nouvelle des Éditions du Chêne, 1993.

LANDAU, Bernard; MONOD, Claire & LOHR, Evelyne (orgs.). *Les grands boulevards: un parcours d'innovation et de modernité*. Paris: Action Artistique de la Ville de Paris, 2000.

LANGLOIS, Gilles-Antoine. *Folies, tivolis et attractions: les premiers parcs de loisirs parisiens*. Paris: Action Artistique de la Ville de Paris, 1991.

_____. "L'éclipse des jardins-spectacles". Em TEXIER, Simon (org.). *Les parcs et jardins dans l'urbanisme parisien XIXe-XXe siècles*. Paris: Action Artistique de la Ville de Paris, 2001.

LEFEBVRE, Georges. *Plantations d'alignement: promenades, parcs et jardins publics*. Paris: Vicq-Dunod, 1897.

LEME, Maria Cristina da Silva (org.). *Urbanismo no Brasil: 1895-1965*. São Paulo: Studio Nobel, 1999.

LEMOS, Carlos. *Alvenaria burguesa. Breve história da arquitetura residencial de tijolos em São Paulo a partir do ciclo econômico liderado pelo café*. São Paulo: Studio Nobel, 1985.

LIETZE, A. "Sobre horticultura e ajardinamento". Em *Jornal do Comércio*, Rio de Janeiro, outubro de 1875.

LIMA, Custodio de Oliveira. *Guia do jardineiro, horticultor e lavrador brasileiro ou tratado resumido e claro ácêrca da cultura das flores, hortaliças, legumes, frutos e cereaes*. Rio de Janeiro: Eduardo & Henrique Laemmert, 1853.

LIMA, Sílvio Cezar de Souza. *Determinismo biológico e imigração chinesa em Nicolau Moreira (1870-1890)*. Dissertação de mestrado. Rio de Janeiro: Casa de Oswaldo Cruz-Fiocruz, 2005.

LIMIDO, Luisa. "Barillet-Deschamps, jardinier". Em: TEXIER, Simon (org.). *Les parcs et jardins dans l'urbanisme parisien XIXe-XXe siècles*. Paris: Action Artistique de la Ville de Paris, 2001.

_____. *L'Art des jardins sous le Second Empire: Jean-Pierre Barilett-Deschamps (1824-1873)*. Seyssel: Champ Vallon, 2002.

LLOYD, Reginald (org.). *Impressões do Brazil no século XX*: sua história, seu povo, comércio, indústrias e recursos. Londres: Lloyd's, 1913.

LOPES, Maria Margaret. *O Brasil descobre a pesquisa científica: os museus e as ciências naturais no século XIX*. São Paulo: Hucitec, 1997.

LOYER, François. *Paris XIX siècle: l'immeuble et la rue*. Paris: Hazan, 1994.

MACEDO, Joaquim Manuel de. *Um passeio pela cidade do Rio de Janeiro* (1862). São Paulo: Planeta, 2004.

MACHADO, Ubiratan. *Pequeno guia histórico das livrarias brasileiras*. São Paulo: Ateliê Editorial, 2009.

MARGAT, Pedro Antonio. "Diario del estabelecimiento de horticultura y aclimatación llevado por Pedro Margat, 1846-1871". Em *Revista Histórica*, 50 (148-150), Montevidéu, 1977.

MARTINET, Marie-Madeleine (org.). *Art et nature en Grande-Bretagne: de l'harmonie classique au pittoresque du premier romantisme 17e-18e siècles*. Paris: Aubier-Montaigne, 1980.

MARTINS, Ana Luiza. *Revista em revista: imprensa e práticas culturais em tempos de República, São Paulo (1890-1922)*. São Paulo: Edusp/Imprensa Oficial do Estado, 2001.

MARTINS, Carlos *et al. O diplomata e desenhista Benjamin Mary e as relações da Bélgica com o império do Brasil*. São Paulo: Linha Aberta, 2006.

MARX, Murillo. *Cidade brasileira*. São Paulo: Edusp/Melhoramentos, 1980.

MELLO, José Antônio Gonsalves de. *Diário de Pernambuco: arte e natureza no 2ª Reinado*. Recife: Massangana/Fundação Joaquim Nabuco, 1985.

MÉNAHÈZE, Sophie Le. *L'invention du jardin romantique en France, 1761-1808*. Neuilly-sur-Seine: Spiralinthe, 2001.

MIGLIORINI, Franco. *Verde urbano. Parchi, giardini, paesaggio urbano: lo spazio aperto nella costruzione della città moderna*. Milão: Franco Angeli, 1992.

MILANI, Raffaele. *Il pittoresco. L'evoluzione del gusto tra classico e romantico*. Roma-Bari: Laterza, 1996.

MONTAÑEZ, Margarita. "Le plan André pour Montevideo: projets et réalisations". Em ANDRÉ, Florence & COURTOIS, Stéphanie de (orgs.). *Édouard André (1840-1911): un paysagiste botaniste sur les chemins du monde*. Paris: L'Imprimeur, 2001.

MONTGOLFIER, Bernard de. *Les grands boulevards*. Paris: Les Musées de la Ville de Paris, 1985.

MORAES, Frederico. *Cronologia das artes plásticas no Rio de Janeiro, 1816-1994*. Rio de Janeiro: Topbooks, 1995.

MOSSER, Monique. "Louis Carmontelle". Em RACINE, Michel (org.). *Créateurs de jardins et de paysages en France de la Renaissance au XIXe siècle*. Paris: Actes Sud/École Nationale Supérieure du Paysage, 2001.

_____ & TEYSSOT, Georges (orgs.). *Histoire des jardins: de la Renaissance à nos jours*. Paris: Flammarion, 1991.

MOURA, Carlos E. Marcondes de (org.). *Vida cotidiana em São Paulo no século XIX*. São Paulo: Ateliê Editorial/Unesp/Imprensa Oficial do Estado, 1998.

MUZZILLO, Francesca. *Paesaggi informali: Capability Brown e il giardino paesaggistico inglese del diciottesimo secolo*. Nápoles: Scientifiche Italiane, 1995.

PANZINI, Franco. *Per i piaceri del popolo: l'evoluzione del giardino pubblico in Europa dalle origini al XX secolo*. Bolonha: Zanichelli, 1993.

_____. *Progettare la natura. Architettura del paesaggio e dei giardini dalle origini all'epoca contemporanea*. Bologna: Zanichelli, 2005.

PESAVENTO, Sandra Jatahy. *Exposições universais, espetáculos da modernidade do século XIX*. São Paulo: Hucitec, 1997.

PINON, Pierre. "Le projet d'embellisement de Paris: Napoleón III et Berger". Em CARS, Jean & PINON, Pierre (orgs.). *Paris Haussmann*. Paris: Pavillon de l'Arsenal/Picard, 1991.

_____. "Georges-Eugène Haussmann (1809-1891) e Adolphe Alphand (1817-1891)". Em: RACINE, Michel (org.). *Créateurs de jardins et de paysages en France du XIXe siècle au XXIe siècle*. Paris: Actes Sud/École Nationale Supérieure du Paysage, 2002.

PITTE, Jean-Robert. *Histoire du paysage français*. Paris: Tallandier, 1983.

QUATREMÈRE DE QUINCY, Antoine-Chrysostome. *Dictionnaire historique d'architecture*. Port Chester: Adamant, 2003 (fac-símile da edição francesa de 1832).

RACINE, Michel. *Architecture rustique des rocailleurs*. Paris: Moniteur, 1981.

_____ (org.). *Créateurs de jardins et de paysages en France de la Renaissance au XIXe siècle*. Paris: Actes Sud/École Nationale Supérieure du Paysage, 2001a.

_____. *Jardins au naturel: Rocailles, grotesques et art rustique*. Paris: Actes Sud, 2001b.

_____ (org.). *Créateurs de jardins et de paysages en France du XIXe siècle au XXIe siècle*. Paris: Actes Sud/École Nationale Supérieure du Paysage, 2002.

REIS FILHO, Nestor Goulart. *Quadro da arquitetura no Brasil*. São Paulo: Perspectiva, 1983.

RENAULT, Delso. *Rio de Janeiro: a vida da cidade refletida nos jornais*. Rio de Janeiro: Civilização Brasileira, 1978.

_____. *O Rio antigo nos anúncios de jornais*. Rio de Janeiro: CBBA/Propeg, 1985.

ROBERT-DEHAULT, Elisabeth. "Estátuas e chafarizes do Rio de Janeiro". Em ROBERT-DEHAULT, Elisabeth *et al. Fontes d'art: chafarizes e estátuas francesas do Rio de Janeiro*. Paris: L'Amateur/ASPM-FBM, 2000.

RODRIGUES, J. Barbosa. *Hortus fluminensis ou breve noticia sobre as plantas cultivadas no Jardim Botanico do Rio de Janeiro para servir de guia aos visitantes*. Rio de Janeiro: Leuzinger, 1893.

SÁ, Magali Romero. "O botânico e o mecenas: João Barbosa Rodrigues e a ciência no Brasil na segunda metade do século XIX". Em *Manguinhos: História, Ciências, Saúde*, vol. 8, suplemento, 2001.

SAINTE-MARIE-GAUTHIER, Vincent. "Pratique et théorie du système". Em TEXIER, Simon (org.). *Les parcs et jardins dans l'urbanisme parisien XIXe-XXe siècles*. Paris: Action Artistique de la Ville de Paris, 2001a.

_____. "L'invention du jardinier municipal". Em: TEXIER, Simon (org.). *Les parcs et jardins dans l'urbanisme parisien XIXe-XXe siècles*. Paris: Action Artistique de la Ville de Paris, 2001b.

SALLES, Paulo. *O jardineiro brazileiro*. Rio de Janeiro: H. Garnier, 1898.

SALGUEIRO, Heliana Angotti. *Engenheiro Aarão Reis: o progresso como missão*. Belo Horizonte: Centro de Estudos Históricos e Culturais da Fundação João Pinheiro, 1997.

_____ (org.). *Cidades capitais do século XIX: racionalidade, cosmopolitismo e transferência de modelos*. São Paulo: Edusp, 2001.

SANJAD, Nelson. *Éden domesticado: a rede luso-brasileira de jardins botânicos, 1796-1817*. Comunicação apresentada no Seminário Internacional Landi e o século XVIII na Amazônia, Belém. 2003. Acessado em http://www.landi.inf.br/anais.

SCHÁVELZON, Daniel & MAGAZ, Maria Del Carmen. "Imaginación y cemento: grutescos y rocallas en la arquitectura de Buenos Aires". Em *Summa*, nº 263, Buenos Aires, junho de 1989.

SCHELLE, Karl Gottlob. *A arte de passear*. São Paulo: Martins Fontes, 2001.

SCHWARCZ, Lilia Moritz. *As barbas do imperador: d. Pedro II, um monarca nos trópicos*. São Paulo: Companhia das Letras, 1999.

_____. *O sol do Brasil*: *Nicolas-Antoine Taunay e as desventuras dos artistas franceses na corte de d. João*. São Paulo: Companhia das Letras, 2008.

SEGAWA, Hugo. "1911: Bouvard em São Paulo". Em *Dana, Documentos de Arquitectura Nacional y Americana*, nºs 37-38, Buenos Aires, 1995.

_____. *Ao amor do público: jardins no Brasil*. São Paulo: Studio Nobel/Fapesp, 1996.

_____. *Prelúdio da metrópole: arquitetura e urbanismo em São Paulo na passagem do século XIX ao XX*. São Paulo: Ateliê Editorial, 2000.

SEVCENKO, Nicolau (org.). *História da vida privada no Brasil*, vol. 3. São Paulo: Companhia das Letras, 1998.

SILVA, Geraldo Gomes da. *Arquitetura do ferro no Brasil*. São Paulo: Studio Nobel, 1988.

SILVESTRI, Graciela. *El color del rio: historia cultural del paisaje del Riachuelo*. Buenos Aires: Universidad Nacional de Quilmes, 2003.

SITTE, Camillo. "O verde na metrópole". Em *A construção das cidades segundo seus princípios artísticos*. São Paulo: Ática, 1992.

SPRANG, Sabine van (org.). *L'empire de flore: histoire et répresentation des fleurs en Europe du XVIe au XIXe siècle*. Bruxelas: La Renaissance du Livre, 1996.

STOLS, Eddy. "A botânica belga e a natureza brasileira". Em MARTINS, Carlos *et al. O diplomata e desenhista Benjamin Mary e as relações da Bélgica com o império do Brasil*. São Paulo: Linha Aberta, 2006.

SURAND, Guy. "Haussmann, Alphand: des promenades pour Paris". Em CARS, Jean des & PINON, Pierre (orgs.). *Paris Haussmann*. Paris: Pavillon de L'Arsenal/Picard, 1991.

TAUNAY, Afonso de E. *A missão artística de 1816*. Brasília: Editora da UnB, 1983.

TAUNAY, Carlos Augusto. *Manual do agricultor brazileiro*. Rio de Janeiro: Typographia Imperial e Constitucional de J. Villeneuve, 1839.

TERRA, Carlos Gonçalves. *Os jardins no Brasil do século XIX: Glaziou revisitado*. 2ª ed. Rio de Janeiro: EBA-UFRJ, 2000.

_____ (org.). *Arborização: ensaios historiográficos*. Rio de Janeiro: EBA-UFRJ, 2004a.

_____. *Paisagens construídas*. Tese de doutorado. Rio de Janeiro: EBA-UFRJ, 2004b.

_____ (org.). *Leituras paisagísticas: teoria e práxis*, nº 2, Rio de Janeiro, 2007.

TEXIER, Simon (org.). *Les parcs et jardins dans l'urbanisme parisien XIXe-XXe siècles*. Paris: Action Artistique de la Ville de Paris, 2001.

TEXIER-RIDEAU, Géraldine. "Le square haussmannien". Em: TEXIER, Simon (org.). *Les parcs et jardins dans l'urbanisme parisien XIXe-XXe siècles*. Paris: Action Artistique de la Ville de Paris, 2001.

_____ & DARIN, Michael (orgs.). *Places de Paris XIXe-XXe siècles*. Paris: Action Artistique de la Ville de Paris, 2003.

THAYS, Charles. *El Jardín Botánico de Buenos Aires*. Buenos Aires: Jacobo Peuser, 1910.

THÉBAUD, Philippe & CAMUS, Anne. *Dicovert: dictionnaire des jardins et paysages*. Ris-Orangis: Arcature, 1993.

THOMAS, Keith. *O homem e o mundo natural: mudanças nas atitudes em relação às plantas e aos animais (1500-1800)*. São Paulo: Companhia das Letras, 1989.

TOLEDO, Benedito Lima de. *Prestes Maia e as origens do urbanismo moderno em São Paulo*. São Paulo: Empresa das Artes, 1996.

TRINDADE, Silvana Cançado. *Dicionário biográfico de construtores e artistas de Belo Horizonte*. Belo Horizonte: Iepha-MG, 1997.

VAINFAZ, Ronaldo (org.). *Dicionário do Brasil Imperial*. São Paulo: Objetiva, 2002.

VASQUEZ, Pedro Karp. *Revert Henrique Klumb. Um alemão na corte imperial brasileira*. São Paulo: Capivara, 2001.

_____. *O Brasil na fotografia oitocentista*. São Paulo: Metalivros, 2003.

VERCELLONI, Virgilio. *Atlante storico dell'idea del giardino europeo*. Milão: Jaca, 1990.

WEBER, Eugen. *França fin-de-siècle*. São Paulo: Companhia das Letras, 1988.

Índice de nomes e lugares

Agassiz, Louis, 118
Albuquerque, Alexandre, 150, 157
Albuquerque, Francisco Tomasco de, 24, 156
Albuquerque, Frederico Guilherme de, 21-24, 111, 112,
144, 147-166, 168, 170-175, 178-180, 182, 183, 185-188,
190-193, 195, 196, 198-204, 206-209, 211, 212, 214,
215, 217, 219, 223
Almeida, Thomaz José Coelho de, 165
Alphand, Jean-Charles Adolphe, 38, 39, 41, 42, 50, 54,
59, 63, 64, 68, 80, 133, 135
Alvear, Carlos de, 80
Alvear, Torcuato de, 64, 80
André, Édouard, 24, 41, 54, 58, 62, 63, 70, 73, 78, 85, 87,
89, 90, 92, 93, 157, 158, 181, 182, 209
André, Jean Pierre Victor, 125
Antibes (França)
    Jardim botânico da Vila Thuret, 176
Argélia
    Jardim botânico, 58
Arnol Père & Fils, 107, 110, 111
Azevedo, Militão Augusto de, 132

Bahía Blanca (Argentina)
    Parque municipal, 71
Bailly, 157
Baird, Spencer Fullerton, 166
Baltet, Charles, 158
Banau, Jean-Baptiste, 31
Barillet-Deschamps, Jean-Pierre, 38, 39, 41, 55, 57, 58,
59, 63, 64, 68, 73, 118, 133, 135, 137, 140, 186
Beaumont, Jean-Baptiste Elie de, 42
Beazley, Francisco, 81
Belém, A. J. T. de Mendonça, 165
Belém do Pará

    Praça da Independência, 132
Belo Horizonte
    Jardins do Palácio da Liberdade, 135
    Parque Municipal, 131, 132
    Praça da Liberdade, 132
Benjamin, Walter, 46
Berjman, Sonia, 22, 24, 70
Berlioz, Louis-Hector, 133
Binot, Jean Baptiste, 115, 116, 117
Binot, Pedro Maria, 115
Bixio, 157
Blanchet, Jacques Samuel, 113
Boitard, Pierre, 54
Bona, Théodore, 157
Bonaparte, Jérôme, 103
Bonaparte, Napoleão, 102, 103, 113
Bordeaux
    Jardim botânico, 58
Bossin, Mathieu, 158
Bouvard, Joseph Antoine, 80, 81, 82, 139, 140, 141, 143, 222
Bradbury, William, 161
Bravo, Román, 81
Breuil, Alphonse du, 133
Brewer, Thomas Mayo, 166
Brongniart, Adolphe-Théodore, 118, 180
Bruxelas
    Jardim botânico, 58
Buenos Aires
    Avenida Callao - Entre Rios, 68, 69
    Avenida Córdoba, 68
    Avenida Figueroa Alcorta, 78
    Avenida Rivadavia, 68, 74
    Bairro-jardim Palermo Chico, 97
    Camino de Palermo, 68

Jardim botânico, 75
Jardín del Sud, 68
Parque Avellaneda, 75, 78
Parque Barrancas de Belgrano, 68, 75, 82
Parque Bernardino Rivadavia (atual Florentino Ameghino), 75
Parque Centenario, 75
Parque Chacabuco, 75, 78
Parque Colón, 77, 83
Parque la Chacarita, 74
Parque la Tablada (atual Almirante Brow), 81
Parque Lezama, 75, 76
Parque los Andes, 75
Paseo Colón, 75
Paseo de Julio (atual Leandro N. Alem), 65, 68
Paseo de la Convalescencia, 66
Paseo Intendente Alvear, 66, 70
Praça 11 de Septiembre (atual Miserere), 66
Praça 24 de Septiembre, 78
Praça 29 de Noviembre (atual Garay), 66
Praça 3 de Febrero, 66
Praça 6 de Junio (atual Vicente López), 66
Praça Almirante Brown, 75
Praça Bajada de Maipú, 75
Praça Balcarce, 81
Praça Britannia, 75
Praça Castelli, 75
Praça Constitución, 66, 75, 83, 91, 93
Praça de Mayo, 75, 82
Praça del Congreso, 75, 78, 79, 82
Praça España, 75
Praça Esteban Echeverría, 75
Praça Flores, 66
Praça Francia, 75
Praça General Belgrano, 66
Praça General Güemes, 75
Praça General Pueyrredon, 75
Praça General Zapiola, 75
Praça Güemes, 66
Praça Herrera, 66
Praça Intendente Casares, 66
Praça Italia, 78
Praça Las Heras, 75
Praça Lavalle, 66, 78
Praça Libertad, 66, 93
Praça Lorea, 66
Praça Noruega, 75

Praça Rodríguez Peña, 75
Praça San Antonio (atual Díaz Vélez), 77
Praça San Martín, 66, 75, 81
Praça Solís, 75
Praça Virrey Vértiz, 66, 75
Bureau, Édouard, 118
Burle Marx, Roberto, 219
Bury, 103

Calla, 39
Caiena (Guiana Francesa)
    Habitation Royale des Épiceries (La Gabrielle), 102
Caminhoá, Joaquim Monteiro, 167
Caminhoá, Luiz Monteiro, 167, 168
Capanema, Guilherme Schüch de, 167, 168, 170
Carmontelle, 47
Carrière, Élie-Abel, 159, 173
Carrogis, Louis, 47
Casa da China, 150
Cochet, E. F., 139, 140, 142, 143, 180, 222
Combaz, M., 54
Constant-Dufeux, Simon-Claude, 80
Courtois, Eugène, 62, 64, 65, 66, 68, 69, 70
Courtois, Ulrico, 66, 67
Crettet, Guillermo, 66
Crisol, Miguel, 70
Croux et Fils, 200

Daly, César, 27
Darwin, Charles, 217
Dauverné, A., 158
Davioud, Gabriel Jean Antoine, 38, 39, 41, 125
Debret, Jean Baptiste, 103
Decaisne, Joseph, 118, 174, 175, 176, 180, 212
Delchevalerie, G., 158
Deny, Eugène, 140
Deschamps, Eugène, 38
Desmoulins, Ph., 158
Dilke, Charles Wentworth, 161
Dubois, Georges, 97, 99, 223
Ducel, 39
Duchêne, Achille, 78
Duchêne, Henri, 78
Dupuis, Aristide, 158
Duque de Chartres, 47
Durenne, 39

E. Verdier Fils Ainé, 200
Ernouf, Alfred Auguste, 54
Etzel, Antonio Andrea, 143
Famin, Auguste, 103
Ferrez, Marc, 125
Feuillet, J., 83
Figueiredo, José Borges de, 135
Fitch, Walter Hood, 209
Flamant, Alfonso, 71
Fleuriste de la Muette, 55, 56, 57, 63, 68
Fontainebleau:
    Parque Nacional, 87
Forteza, 89
Forzani, A. B., 167, 168
Freyre, Gilberto, 101
Furtado, Julio, 138
Fyfe, John, 209

Gallès, Edouard, 105
Garcia, José Augusto, 135
Gauthier, Édouard, 85-88
Germain, Étienne-Paul, 101, 102
Girard, Charles Frédéric, 166
Girardin, René Louis de, 46
Glaziou, Auguste François-Marie, 23, 117-128, 130,
    133, 135, 137, 152-154, 180, 222, 223
Grandjean de Montigny, Henri Victor, 21, 102, 103,
    104, 105
Grenouillier, Michel de, 101
Gressent, Vincent Alfred, 157
Groth, Frederico, 201
Guimarães & Gomes, 201

Haussmann, Georges-Eugène, 22, 27, 29, 37, 38, 37, 122
Hooker, Joseph Dalton, 209
Houtte, Louis Van, 115, 174
Huber, Charles, 200
Hutchinson, 214

Ingenhausz, Jan, 32
Isabel, Princesa, 132
Iturbe, Atanasio, 81

James Veitch & Sons, 211, 217
Jean-Baptiste Guilot Fils, 107, 179, 199
João, D., 103
Jobert, Clément, 167

Joigneaux, Pierre, 159
Joly, Júlio, 132, 152

Koseritz, Carl Von, 132
Krafft, Jean-Charles, 54
Krelage, E. H., 166
Klumb, Revert Henrique, 117
Laemmert, Eduardo, 161
Laemmert, Henrique, 161, 172
Laforcade, Joseph, 140
Lage, Mariano Procópio Ferreira, 123
Laveleye, Edouard Fontaine de, 139
Lavoisier, Antoine-Laurent de, 32
Lecaron, A., 185
Leite, Cerqueira, 165
Le Long, John, 62
Lemaire, Charles, 174
Leuzinger, Georges, 117, 125
Levet, Antoine, 179, 199
Lietze, Adolpho, 153
Lima, Custodio de Oliveira, 172
Lima, Joaquim Eugênio de, 135
Linden, Jean, 113, 114, 182
Lindley, John, 161
Liverpool
    Parque Sefton, 63
Lloyd, Reginald, 114
Löefgren, Albert, 152
Londres
    Kew Gardens, 208, 209
Loudon, John Claudius, 49
Luis XIV, 35
Luiz, Washington, 140
Lyon
    Jardim botânico, 58

Maberg, Maurício, 125
Macedo, Joaquim Manuel de, 119, 122
Magne, P. A., 111
Malpeyere, 157
Manaus
    Praça General Osório, 132
Manoel Martins de Castro & Filho, 201
Margat, Pedro Antonio, 82, 83, 84, 85, 86, 222
Marselha
    Parque Borely, 134
Martius, Karl Friedrich Von, 169

Mathieu de Dombasle, C.-J.-A., 157
Medici, Maria dei, 34
Melo Netto, Ladislau de Sousa, 150, 168, 170, 171
Mello & Goulart, 201
Mello, J., 125
Mendoza (Argentina)
    Parque Del Oeste, 78
Mestre Valentim, 119
Meunier et Rocher Frères, 133
Midosi, 118
Mique, Richard, 47
Mirbel, Charles-François Brisseau de, 39, 118
Moll, M. L., 157
Mondran, Paulo-Louis de, 37
Montevidéu
    Balneário de Carrasco, 93, 96, 97
    Parque Central (atual Battle y Ordoñez), 93
    Parque del Cerrito, 91
    Parque del Sud, 91
    Parque do Miguelete (atual Prado), 87, 88, 91
    Parque Rodó, 93, 96, 97
    Praça Artola, 91, 93
    Praça Cipriano-Miró, 87
    Praça Constitución, 83
    Praça Flores, 91
    Praça Independência, 91, 93
    Praça Libertad (Cagancha), 93
    Praça Zabala, 93
Morales, Carlos María, 81
Moreau, Charles, 159
Moreau, Mathurim, 127
Moreira, Nicolau Joaquim, 166, 167
Morel, Charles, 158
Morel, Jean-Marie, 46

Napoleão III, 27, 29, 32, 37, 39, 46, 62, 186, 221
Naudin, Charles Victor, 159, 174, 175, 176, 189, 212
Nogent-sur-Vernisson (França)
    Arboreto de Barres, 161
Nova Friburgo (Rio de Janeiro)
    Parque São Clemente, 123

Olinda
    Jardim Botânico, 101
Oliveira Júnior, José Duarte de, 165
Oribe y Viana, Manuel Ceferino, 83
Orléans
    Jardim botânico, 58

Panzini, Franco, 36, 38, 41, 59
Paris
    Bois de Boulogne, 39, 41, 42, 49, 54, 55, 74, 91, 127
    Bois de Vincennes, 42, 74
    Champs Élysées, 34, 35, 103
    Cours de la Reine, 34, 35, 36
    Cours Saint-Antoine, 35
    Cours Vincennes, 35
    Jardin d'Acclimatation du Bois de Bologne, 166, 186
    Jardin de Plantes, 39
    Parque Buttes-Chaumont, 42, 48, 50, 52, 54, 63, 74
    Parque Monceau, 42, 47
    Parque Montsouris, 74
    Place de la Concorde, 39, 40
    Square Art set Métiers, 46
    Square Batignolles, 45, 46, 49, 50
    Square Belleville, 46
    Square Grenelle, 46
    Square Louvais, 39, 40
    Square Ménages, 46
    Square Monge, 46
    Square Montholon, 43, 46
    Square Montrouge, 46
    Square Réunion, 46
    Square Saint-Jacques, 44, 49
    Square Temple, 49
    Square Vintimille, 46
    Square Vosges, 46
Paxton, Joseph, 161
Péan, Armand, 54
Peckolt, Theodoro, 167, 169
Pedro I, D., Imperador do Brasil, 103
Pedro II, D., Imperador do Brasil, 117, 123
Pellorce, Eugène, 112
Pereira Barretto, Luiz, 147
Pereira Passos, Francisco, 137, 138
Pérez, Fernando, 81
Pernet Fils, 199
Perret, Ambrósio, 132, 133
Petrópolis
    Jardins do Palácio Imperial, 116
Pézérat, Pierre Joseph, 103, 105
Pindamonhangaba (São Paulo):
    Praça Monsenhor Marcondes, 130, 131
Pinel, Charles, 113, 114, 115, 182
Pinel, Philippe, 113
Pinto, Antônio Clemente, Barão de Nova Friburgo,
    121, 123, 137

Poiteau, Antoine, 161
Porte, 106
Prado, Antônio da Silva, 150
Prado, Veridiana Valéria da Silva, 123
Priestley, Joseph, 32
Punta del Este (Uruguai)
    Arboretum, 87
Purdie, William, 208

Quatremère de Quincy, Antoine-Chrysostome, 33

Racine, Charles, 85, 86, 87, 88, 97, 223
Racine, Louis-Ernest, 85, 86, 87, 88, 89, 223
Raffard, Henrique, 132
Ramel, 107
Recife
    Praça Maciel Pinheiro, 125
Reis, Aarão, 135, 137
Renoult, Auguste, 108, 110, 111
Rezende, Geraldo, 165
Richard, Antoine, 47
Ridgway, Robert, 166
Rio de Janeiro
    Avenida Beira-Mar, 137
    Avenida Central (atual Rio Branco), 137
    Cais da Glória, 123
    Campo de Santana, 105, 123, 125, 127, 130, 135, 152, 153
    Jardim botânico, 85, 167, 170, 222
    Jardins do solar do barão de Nova Friburgo (atual
        Palácio do Catete), 123, 137
    Jardins na praia de Botafogo, 137
    Jardins no Alto da Boa Vista, 137
    Largo de São Francisco, 123
    Passeio Público, 117, 119, 120, 122, 152, 153, 196, 199,
        214, 215, 222
    Praça da Constituição (atual Tiradentes), 123
    Praça Dom Pedro II (atual XV de Novembro), 123
    Praça Duque de Caxias (atual Largo do Machado), 123
    Praça General Osório, 123
    Praça Monroe, 127
    Praça Municipal, 123
    Quinta da Boa Vista, 105, 123, 128, 130, 134, 135
Robert, Hubert, 46
Rodrigues & Silva, 201
Rodrigues, João Barbosa, 167, 168, 169, 170, 171
Rohan, Henrique Pedro Carlos de Beurepaire, 166, 167
Rosário (Argentina)

Avenida Juramento, 82
    Praça Belgrano, 82
    Praça San Luis, 82
Rouard, 107
Rousseau, Jean-Jacques, 46
Rousset, Antonin, 158

Sacc, 158
Sahut, Jacques, 101
Saint-Hilaire, Albert Geoffroy, 166
Saint-Hilaire, Auguste de, 176
Saint-Hilaire, Isidore Geoffroy, 166, 186
Salta (Argentina)
    Parque Del Centenario (Avellaneda), 78
Salvador
    Terreiro de Jesus, 124, 125
Santiago do Chile:
    Jardins da Presidência da República, 98
    Jardins do Palácio do Congresso, 98
    Parque Cerro San Cristóbal, 21, 98
    Parque Florestal, 98
São Luís do Maranhão:
    Praça Senador Benedito Leite, 125
São Paulo
    Jardim da Luz, 23, 130, 131, 151, 152
    Largo de São Bento, 125
    Parque do Anhangabaú, 139, 140, 141, 143
    Parque na Várzea do Carmo (atual D. Pedro II),
        139, 140, 142
    Parque Villon (atual Tenente Siqueira Campos/
        Trianon), 130, 136
Sarafana, Antonio Felix, 150
Sarmiento, Domingo Faustino, 62, 63, 64
Sauval, Henry, 34
Schelle, Karl Gottlob, 31
Schübeck, Wilhem, 71
Schwartz, Joseph, 199
Sebire, P., 200
Service des Promenades et Plantations, 37, 38, 41, 55,
    63, 222
Sigaux, Vincent, 107
Silva, M. A. da, 167

Terra, Carlos, 22, 24
Thays, Charles, 21, 24, 61, 62, 70, 71, 72, 73, 74, 75, 76,
    77, 78, 79, 81, 93, 94, 95, 96, 97, 98, 138, 139, 222, 223
Thomas, Jean-Bazile, 158

Thouin, Gabriel, 54
Tournefort, Joseph Pitton de, 209
Tucumán (Argentina)
    Boulevard Marinho, 78
    Paseo General Paz, 78
Turben, François, 31

Vacherot, Jules, 139, 140
Val d'Osne, 39, 125, 127
Versalhes
    Hameau de la Reine, 47
    Trianon, 47, 87

Venturino, Cora, 70
Verschaffelt, Ambrosius, 161
Vieira, José Maria, 201
Villon, Paul, 133, 134, 135, 136, 137, 138, 222, 223
Vilmorin-Andrieux, 200
Vilmorin, Philippe-André de, 161
Vitória
    Parque Moscoso, 132

Waterhouse, J., 218
Wetherell, 101

Índice de vegetação

Este índice apresenta os nomes populares e botânicos empregados no século XIX e nas primeiras décadas do XX, citados ao longo do livro. Quando necessário e possível, a nomenclatura científica foi atualizada pelo botânico Allan Carlos Pscheidt, especialmente para esta edição.

abacaxi, 101
acácia, 30, 57, 192
Acacia mollissima Willd., 192
Acacia procumbens Bullock, 192
Acacia pubescens R. Br., 192
Acacia rotundifolia Hook., 192
ácer, 57, 73
Acer pseudoplatanus L., 73
adalia, 107
Aesculus hippocastanum L., 57, 73
Ailanthus altissima (Mill.) Swingle, 57
ailanto, 57
álamo-americano, 73
álamo-prateado, 73
albiflora, 218
alcachofra, 188
Alnus cordifolia Ten., 73
alstroemeria, 112
Alstroemeria caryophyllaea Jacq., ver alstroemeria, 112
amarílis, 107
Amaryllis belladonna L., ver amarílis, 107
amaryllis Josephine, 112
amieiro, 73
amoreira-branca, 73
andrômeda, 107
anêmona-do-japão, ver animona, 107

Anemone japonica (Thunb.) Siebold & Zucc., ver animona, 107
animona, 107
Anthurium acaule (Jacq.) Schott, 193
Anthurium andraeanum Linden, 182
Aphelandra sp., 174
araba, 107
arácea, ver aroidéa, 183
araucária, 85, 95
Araucaria angustifolia (Bertol.) Kuntze, 85, 95
aroeira-salso, 73
aroidéa, 183
árvore-dos-pagodes, 73
Asparagus officinalis L., ver aspargo, 168
aspargo, 168, 188
Athenaea orinocensis (Kunth) D'Arcy, ver deprea, 107
aucuba, 203
Aucuba japonica Thunb., 203
azálea, 203, 207, 209

bananeira, 58, 59
Beaucarnea recurvata Lem., 203
bétula, 32
Betula alba var. *pendula* (Roth) Aiton, 32
Bilbergia chantini Carrière, 174
biri, ver também cana-da-índia, 203, 218, 219
Bougainvillea spectabilis Willd., buganvilis, 192

bromélia, 183, 192
Brunsvigia josephinae Ker Gawl., ver amaryllis
    Josephine, 112
buganvilis, 192
Butia yatay (Mart.) Becc., ver *Cocos yataï*, 192

Caesalpiniodes triacanthum (L.) Kuntze, 73
caeté, ver também biri e cana-da-índia, 219
caládio, 203
Caladium hortulanum Birdsey, 203
camélia, 57, 83, 85, 107, 203
Camellia japonica L., ver camélia, 85, 203
cana-da-índia, 59, 174, 175, 176, 218
Canna "Adrien-Robine", 219
Canna "Brennengrii", 219
Canna glauca L. , 176
Canna indica L., 176
Canna iridiflora (Ruiz & Pav.) Horan., 176
Canna liliiflora Warsz. ex Planch., 176
Canna sp., 176
Canna "Tricolor", 219
Cannaceae, 218
castanheira-da-índia, 73
casuarina, 73
Casuarina equisetifolia L., 73
catalpa, 57
Cattleya pinelii Lindl., 113
Ceanothus bertinii Carr., 192
Ceropogia gardnerii Hook., 174
Chamaedaphne latifolia (L.) Kuntze, ver kalmia, 107
Chamaerops excelsea Thunb., 173
choupo, 32
cicadácea, 203, 212, 214, 215
cinamomo, 73
Citrus sinensis (L.) Osbeck, ver laranjeira, 189, 210
cletora, 107
Cocos weddellianum, 192
Cocos yataï, 192
cóleo, 203
colocásia, 58, 59
Coleus sp., 203
Corynostylis hybanthus var. *albiflora* Mast., 218
crisântemo, 203
cróton lord cairns, 210, 211, 212
Croton appendiculatus Elmer, 210, 211
Croton variegatum, 211
cróton, 203, 210, 211

Cycas circinalis L., 214, 215
Cycas media R., 214
Cycas revoluta Thunb., 214
Cynara cardunculus var. *scolymus* (L.) Benth., ver
    alcachofra, 188

Dahlia arborea Bates, 204
Dahlia coccinea Cav., 204
Dahlia cosmiflora, 204
Dahlia decaisneana Verl., 204
Dahlia imperialis Roezl ex Ortgies, 204
Dahlia pinnata Cav., ver *Dahlia arborea* Bates, 204
Dahlia variabilis (Willd.) Desf., 204
Dahlias maximiniana hort. ex Hook. f., 204
dália, ver também adalia, 107, 203, 204
dasilírio, 193, 203
Dasylirion longissimum Lem., 193, 203
deprea, 107
Dioon edule Lindl., 215
Dipladenia amabilis, 218
Dipladenia insignis, 216, 218
dipladenia, 218
dracena, 203
Duchesnea indica (Andrews) Focke, ver morango, 188

echile, 218
Elaeagia pastoensis L. E. Mora, ver mopa-mopa, 183
Encephalartos heenanii R. A. Dyer, 215
Encephalartos horridus (Jacq.) Lehm., 215
Encephalartos villosus Lem., 215
erva-mate, 71
espinheiro-da-virgínia, 73
eucalipto, 57, 73, 95, 149, 188
Eucalyptus gigantea Desf., 73, 95
Eucalyptus maidenii subsp. *globulus* (Labill.) J. B.
    Kirkp., 73, 95, 149, 188
Eucalyptus obliqua L'Her., 188

fascination, 207
feto, 183, 212
Ficus amazônica (Miq.) Miq., ver figueira-da-amazônia, 59
figueira-da-amazônia, 59
flor-de-cera, 203
flor-estrela, 203
flox, 203, 204, 205
flox comtesse de bresson, 206
flox edouard andry, 206

246 / Belle époque dos jardins

flox egerle, 206
flox esperance, 207
flox fascination, 207
flox fortunio, 207
flox hebe, 207
flox la patrie, 207
flox larina, 207
flox leonidas, 207
flox lierval, 207
fórmio-variegado, 193
Fragaria vesca L., ver morango, 188
Fraxinus excelsior L., 73
Freesia armstrongii W. Watson, ver junquilho, 107
Freesia refracta (Jacq.) Klatt, ver junquilho, 107
freixo, 73

gerânio, 203
gesneriácea, 203, 207
gloxínia, 207
gloxínia john gray, 208
gloxínia lady cremone, 208
Gloxinia maculata L'Hér., 208
Gloxinia pallidiflora Hook., 208
Gloxinia tubiflora Hook., 208
grevilha, 73, 192
Grevillea robusta A. Cunn. ex R. Br., 73

Hemerocallis flava (L.) L., ver lírio, 107
hortência, ver rosa-do-japão, 107
Howea, 192
Hyacinthus orientalis L., ver jacinthos, 107
Hydrangea macrophylla (Thunb.) Ser., ver rosa-do-
-japão, 107

Ilex paraguariensis A. St.-Hil., 71
iúca, 203, 212, 214
Ixora coccinea L., 203
ixora, 203

Jacaranda mimosifolia D. Don, 74, 95, 139
jacarandá-mimoso, 74, 95, 139
jacinthos, 107
jasmins, 107
Juglans regia L., 73
junquilho, 107

kalmia, 107

laranjeira, 189
Larnax sylvarum (Standl. & C.V. Morton) Sawyer, ver
deprea, 107
Ligeria speciosa, 208
Ligeria speciosa var. *caulescens* (Lindl.) Hanst., 208
Ligustridium japonicum (Thunb.) Spach, 73
ligustro, 73
lírio, 107
lótus-amarelo, 193
lótus-azul, 192
lótus-vermelho, 193
louro-americano, ver kalmia, 107

Macrozamia corallipes Hook. f., 215
Macrozamia denisoni C. Moore & F. Muell., 213, 215
magnólia, 73, 85, 107, 112, 192
Magnolia grandiflora L., 73, 85
Mandevilla amabilis (hort. Backh. ex Flor. & Pomol.)
Dress, ver *Dipladenia amabilis*, 218
maracujá, 85, 189
maranta, 203, 210, 211
Maranta makoyama, 211
Maranta tubispatha, 211
Maranta zebrina, 211
Melia azedarach L., 73
Microcoelum weddellianum (H. Wendl.) H. E. Moore,
ver *Cocos weddellianum*, 192
Miltonia pinelii Rchb. f., 113
mimosa, 57, 192
mirtácea, 192
mopa-mopa, 183
morango, 188
Morus alba L., 73

narciso, 107
Narcissus cyclamineus DC., ver narciso, 107
Nelumbo lutea Willd., 193
Nelumbo nucifera Gaertn., 193
Nepenthes, 217
Nepenthes distillatoria L., 217
Nepenthes dominii Hort.Veitch. ex Mast., 217
Nepenthes laevis C. Morren, 217
Nepenthes phyllamphora Willd., 217
Nepenthes rafflesiana Jack., 216, 217
Nepenthes rubra Hort. ex Rafarin, 217
nogueira, 73
nolina, 203

Índice de vegetação / 247

Nymphaea nouchali var. *caerulea* (Savigny) Verdc., 192

olmo, 32, 34, 36, 55, 73
Oncidium pinellianum Lindl., 113
orquídea, 113, 114, 157, 170

Paeonia lactiflora Pall., ver peônia, 107
Paeonia officinalis L., ver peônia, 107
Paliavana schiffneri (Fritsch) Handro, ver *Sinningia albuquerqueana*, 171
palmeira, 57, 58, 59, 95, 170, 171, 173, 183, 192, 203, 212, 214
palmeira-da-argélia, 59
palmeira-de-bourbon, 59
Passiflora alata Curtis, 85
Passiflora edulis Sims, 85
Paulownia fortunei (Seem.) Hemsl., 57
Pelargonium tricolor (Curt.), ver pellegrine tricolor, 112
pellegrine tricolor, 112
peônia, 107
Phlox acuminata, 205
Phlox Carolina L., 206
Phlox divaricata L., 206
Phlox glaberrima L., 206
Phlox glaberrima var. *triflora* (Michx.) Reveal & C. R., ver *Phlox triflora*, 206
Phlox maculata L., 206
Phlox maculata var. *pyramidalis* Wherry, ver flox belle pyramide, 206
Phlox paniculata L., 205
Phlox paniculata var. *acuminata* (Pursh) Chapm., ver *Phlox acuminata*, 205
Phlox pilosa L., 206
Phlox procumbens Lodd., 206
Phlox reptens Michx., 206
Phlox speciosa Pursh, 206
Phlox stolonifera Sims, ver *Phlox procumbens* Lodd., 206
Phlox subulata Lin., 206
Phlox triflora, 206
Phlox verna Forbes, 206
Phormium tenax J. R. Forst. & G. Forst., 193
Phyllaurea variegata (L.) W. Wight, 211
Phyllodes mackoyana (E. Morren) Kuntze, 211
Phyllodes tubispatha (Hook.) Kuntze, 211
Phyllodes zebrina (Sims) Kuntze, 211
Pieris japonica (Thunb.) D. Don ex G. Don, ver andrômeda, 107

piraguaia, 218
plátano, 31, 55, 68, 73, 91, 95
Platanus orientalis L., 31, 55, 68, 73, 91, 95
Populus alba L., 32, 73
Populus canadensis Moench, 73
Populus nigra L., 32

quiris-chineses, 57

Racosperma mearnsii (De Wild.) Pedley, 192
Racosperma melanoxylon (R. Br.) Mart., 192
Racosperma spectabile (A. Cunn. ex Benth.) Pedley, 192
ranúnculo, 107
Ranunculus ficaria L., ver ranúnculo, 107
Rhapis excelsa (Thunb.) A. Henry, ver *Chamaerops excelsa* Thunb., 173
Rhododendron, 182
Rhododendron chamaecistus L., 209
Rhododendron dalhousie, 210
Rhododendron dauricum L., 209
Rhododendron hirsutum L., 209
Rhododendron lapponicum (L.) Wahlenb., 209
Rhododendron ponticum L., 209
rododendro, 181, 209
rosa, 86, 179, 199, 200, 204, 207, 209
rosa-do-japão, 107
rosa julius finger, 200
rosa m. elle catherine soupert, 200
rosa m. me angèle jacquier, 200
rosa pierre guillot, 200
Rulac negundo (L.) Hitchc., 73

salgueiro, 68, 73
Salisia maculata (L'Hér.) Regel, 208
Salisia pallidiflora (Hook.) Regel, 208
Salix babylonica L., 68, 73
Sarcoyucca aloifolia (L.) Linding., 214
Sarcoyucca baccata (Torr.) Linding., 214
Schinus molle L., 73
Schollia carnosa (L. f.) Schrank ex Steud., 203
sicômoro, 73
Sinningia albuquerqueana, 171, 208
Sinningia speciosa (Lodd.) Hiern, 208
Sinningia tubiflora (Hook.) Fritsch, 208
Sooly-Quc, 196
Stapelia , 174
Stapelia hirsuta Linn, 203

Styphnolobium japonicum (L.) Schott, 73

tália, 196
Thalia dealbata Fraser ex Roscoe, 196
Tilia argentea Desf. ex DC., 57, 73
tília-de-folhas-largas, 73
Tilia platyphyllos Scop., 73
tília-prateada, 55, 57, 73
tipuana, 68, 71, 74, 95, 139
Tipuana tipu (Benth.) Kuntze, 68, 71, 74, 95, 139
torênia, 193
Torenia fournieri Linden ex E. Fourn., 193
Trichocentrum pinelii Lindl., 113
tulipa, 107
Tulipa hybrida Hort., ver tulipa, 107

Ulmus campestris var. *latifolia* (Mill.) Aiton, 32, 55, 73

Victoria amazonica (Poepp.) J. C. Sowerby, 68
videira, 149, 150, 188, 189, 191, 193
Viola odorata L., ver violeta, 178, 218

violeta, 178, 218
Vitis vinifera L., ver videira, 188
vitória-régia, 68

wigandia, 59
Wigandia urens var. *caracasana* (Kunth) D. N. Gibson,
   ver wigandia, 59

Yucca aloefolia, 214
Yucca angustifolia Pursh., 214
Yucca baccata, 214
Yucca filamentosa L., 214
Yucca glauca Nutt., 214
Yucca gloriosa L., 214
Yucca pendula Groenl., 213, 214
Yucca quadricolor, 214

Zamia furfuracea Aiton, 215
Zamia leiboldii Miq., 215
Zamia mackenzii, 215

Créditos iconográficos

ABERTURAS DE CAPÍTULOS – Ilustrações de Walter Crane, 1889.

CAPÍTULO 1

p. 28 – X. Phot.; e postal A. B. Paris. Coleção Guilherme Mazza Dourado (GMD).

p. 30 – Postais do final do século XIX. Coleção GMD.

p. 35 – Gravura em metal de P. Aveline, século XVIII. Bibliothèque Nationale, Paris.

p. 36 – Gravura em metal baseada em obra de Augustin de Saint-Aubin. Musée du Louvre, Paris.

p. 40 – Postais do século XIX. Coleção GMD.

p. 43 – Postal do século XIX; e postal P. Marmuse. Coleção GMD.

p. 44 – Gravura publicada em *L'Univers Illustré*, 1868. Postal do século XIX. Coleção GMD. Desenho reproduzido de *Les promenades de Paris,* de Alphand.

p. 45 – Desenhos reproduzidos de *Les promenades de Paris*, de Alphand.

p. 48 – Primeira página de *L'Univers Illustré*, 31-12-1864.

p. 49 – Perspectiva reproduzida de *Les promenades de Paris*, de Alphand.

p. 51 – X. Phot. Coleção GMD.

pp. 52-53 – Postais do século XIX e início do XX. Coleção GMD.

p. 56 – Desenho do *Bulletin de la Société Historique d'Auteuil-Passy*, 1915.

p. 58 – Gravura publicada em *Le Monde Illustré*, 1858.

CAPÍTULO 2

p. 65 – Postal Edición Carmelo Ibarra, Buenos Aires; e postal N. Tommasi, Buenos Aires. Coleção GMD.

p. 67 – Postal sem crédito; e postal a partir de foto de E. C. Moody, editor R. Rosauer, ambos do final do século XIX. Coleção GMD.

p. 69 – Postal Edición Z. Fumagali, Buenos Aires; e postal Edición Carmelo Ibarra, Buenos Aires, ambos do final do século XIX. Coleção GMD.

p. 72 – Acervo da família Thays, Buenos Aires. Desenhos reproduzidos de *Carlos Thays: un jardineiro francés en Buenos Aires*, de Sonia Berjman.

p. 76 – Desenho do acervo A-DDP, Buenos Aires, reproduzido de *Plazas y parques de Buenos Aires: la obra de los paisajistas franceses*, de Sonia Berjman. Postal a partir de foto de E. Avanzi, editado por R. Rosauer, Buenos Aires.

p. 77 – Aquarela de Thays, foto de Maria Theodora da Câmara Falcão Barbosa; e postal editado por Z. Fumagalli, Buenos Aires. Coleção GMD.

p. 79 – Postal Ibarra & Sorroche, Buenos Aires; e postal sem crédito, ambos do início do século XX. Coleção GMD.

p. 84 – Postal sem crédito; e postal Testasecca y Cia., Montevidéu, ambos do século XIX. Coleção GMD.

p. 86 – Postal ND Phot. Coleção GMD.

p. 88 – Postais do início do século XX. Coleção GMD.

p. 90 – Desenho do acervo A-MHNU, Buenos Aires, reproduzido de *Plazas y parques de Buenos Aires: la obra de los paisajistas franceses*, de Sonia Berjman.

p. 92 – Postal editado por Almera Hermanos, Montevidéu; e postal editado por Henrique Moneda, Montevidéu, final do século XIX e início do XX. Coleção GMD.

p. 94 – Postal editado por A. Carluccio, Montevidéu; e postal sem crédito, início do século XX. Coleção GMD.

p. 95 – Desenho do acervo A-DDP, Buenos Aires, reproduzido de *Plazas y parques de Buenos Aires: la obra de los paisajistas franceses*, de Sonia Berjman.

p. 96 – Postais do início do século XX. Coleção GMD.

p. 99 – Postal Almacén de Música Carlos Friedemann. Coleção GMD.

CAPÍTULO 3

p. 104 – Fundação Biblioteca Nacional, Rio de Janeiro.

p. 109 – Postal editado por Le Deley, Paris; e postal ND Phot. Coleção GMD.

p. 114 – Gravura da *L'Illustration Horticole*, nº 27, 1880.

p. 116 – Foto de Revert Henrique Klumb. Acervo do Museu Imperial, Petrópolis.

p. 120 – Desenho da Fundação Biblioteca Nacional, Rio de Janeiro.

p. 121 – Fotos de Henschel & Benque, *ca*. 1870. Fundação Biblioteca Nacional, Rio de Janeiro.

p. 124 – Postais de J. Melo, Bahia; e E. P. & Cie, Paris. Coleção GMD.

p. 126 – Postal a partir de foto de Marc Ferrez, Inglaterra; e postal de A. Ribeiro, Rio de Janeiro, ambos do século XIX. Coleção GMD.

p. 128 – Litografias de Agostini, 1880. Coleção Gilberto Ferrez, Rio de Janeiro. Fotos de Marc Ferrez. Fundação Biblioteca Nacional, Rio de Janeiro.

p. 129 – Postais do século XIX. Coleção GMD.

p. 131 – Postais do Jardim da Luz, São Paulo; e da praça Monsenhor Marcondes, Pindamonhangaba. praça Colombo. Postais do parque Municipal, Belo Horizonte, edição Casa Abilio; e da praça da Independência, Belém, edição Papelaria Alfredo Augusto Silva. Coleção GMD.

p. 134 – Postais L. L., França, editorado por A. Zoller, Genève. Coleção GMD.

p. 136 – Postais Colombo; e A. Ribeiro. Coleção GMD.

p. 141 – Postais do primeiro quartel do século XX. Coleção GMD.

p. 142 – Arquivo da Secretaria de Vias Públicas, Prefeitura Municipal de São Paulo.

CAPÍTULO 4

p. 148 – Postal do século XIX. Coleção GMD. Foto do acervo de Francisco Tomasco de Albuquerque, Niterói.

p. 151 – Postal Guilherme Gaensly, São Paulo; e postal editado pelo Commissariat Général du Gouvernement de l'État de São Paulo, Bruxelles. Coleção GMD.

pp. 154-155 – Acervo de Luiz Portugal Albuquerque, São Paulo. Fotos de Hugo Segawa.

p. 160 – Biblioteca GMD; e Biblioteca do Instituto Agronômico de Campinas. Fotos de Andrés Otero e Marcos Cimardi.

p. 162 – Biblioteca GMD; e Biblioteca do Instituto Agronômico de Campinas. Fotos de Andrés Otero e Marcos Cimardi.

p. 164 – Biblioteca GMD; e Biblioteca do Instituto Agronômico de Campinas. Fotos de Andrés Otero e Marcos Cimardi.

p. 169 – Biblioteca do Instituto Agronômico de Campinas. Foto de Andrés Otero e Marcos Cimardi.

p. 175 – Biblioteca GMD.

p. 177 – Fotos estereoscópicas da Keystone View Company, Estados Unidos. Coleção GMD.

p. 181 – Biblioteca do Instituto Agronômico de Campinas. Foto de Andrés Otero e Marcos Cimardi.

CAPÍTULO 5

p. 187 – Postais do século XIX. Coleção GMD.

p. 190 – Biblioteca do Instituto Agronômico de Campinas. Foto de Hugo Segawa.

p. 194 – Postal A. Taride, Paris. Coleção GMD. Gravura de 1829.

p. 197 – Fotos de Revert Henrique Klumb. Fundação Biblioteca Nacional, Rio de Janeiro.

p. 202 – Almanaque Laemmert, 1877-1878.

p. 205 – Biblioteca do Instituto Agronômico de Campinas. Foto de Andrés Otero e Marcos Cimardi.

p. 208 – Biblioteca do Instituto Agronômico de Campinas. Foto de Andrés Otero e Marcos Cimardi.

p. 210 – Biblioteca do Instituto Agronômico de Campinas. Foto de Andrés Otero e Marcos Cimardi.

p. 213 – Biblioteca do Instituto Agronômico de Campinas. Fotos de Andrés Otero e Marcos Cimardi.

p. 216 – Biblioteca do Instituto Agronômico de Campinas. Fotos de Andrés Otero e Marcos Cimardi.